AF340860

ACHILLE SEGARD

JEAN GOSSART

DIT

MABUSE

BRUXELLES ET PARIS

LIBRAIRIE NATIONALE D'ART ET D'HISTOIRE

G. VAN OEST & Cie, Editeurs

1924

JEAN GOSSART, DIT MABUSE

ACHILLE SEGARD

JEAN GOSSART

DIT

MABUSE

BRUXELLES ET PARIS
LIBRAIRIE NATIONALE D'ART ET D'HISTOIRE
G. VAN OEST & Cie, ÉDITEURS

1923

AVANT-PROPOS

Pendant très longtemps, le nom de Mabuse a été donné à un nombre immense de tableaux datant de la fin du XVe siècle et du commencement du XVIe. De La Peseuse d'or de Berlin aux innombrables Portraits de collections publiques ou privées, le champ était sans limite. Dans quelle collection de primitifs ne comptait-on pas plusieurs Mabuse? Jusqu'à ces derniers temps les cartouches du Musée de Bruxelles lui en attribuaient qui ne sont certainement pas de lui.

L'exposition de Charleroi — qui rendit tant de services — se targuait d'en posséder dix-neuf. C'était trop. Depuis dix ans, les travaux de la critique ont de beaucoup diminué le catalogue raisonné des œuvres de ce grand peintre.

Sauf un petit portrait d'homme jeune acheté à Berlin en 1922, de tout l'œuvre de Mabuse le Musée de Bruxelles ne possède — selon toutes probabilités — qu'une copie ancienne du portrait d'Anne de Berghes et de son fils, longtemps considéré comme une Vierge à l'Enfant. Le portrait d'homme dit « aux fausses armoiries » est le seul tableau de Gossart que possède le Musée d'Anvers et il est bien probable que l'exposition de Charleroi ne possédait qu'un seul portrait qui fût de la main de Mabuse : celui de la collection Kaufmann, de Berlin.

Dans ce travail d'élimination, préalable à toute étude sérieuse de l'œuvre et de la personnalité de Gossart, certaines exclusions ont ruiné des possessions d'état qui dataient du XVIe siècle. Ainsi en a-t-il été pour la Vierge à l'Enfant *du Musée du Prado, qui fut offerte au roi Philippe II par les bourgeois de Louvain en remercîment d'une exonération d'impôts que justifiaient les désastres de la guerre de 1578.*

Le savant historien et archiviste de Louvain, M. Van Even, nous a fait connaître toutes les négociations qui précédèrent le don de ce tableau. Le départ de Louvain pour Madrid de Jean Crabbe, provincial des Augustins, est du 6 octobre 1586. Son entrevue avec Philippe II est du 6 février 1587. La réception de la lettre d'affranchissement d'impôts est de juin 1587. Le retour de Jean Crabbe est du 10 février 1588. C'est le 20 avril 1588 que Jean Van Rillaert et Léonard Van Marienberghe estimèrent à 400 livres le tableau qui appartenait au couvent des Augustins et qu'on les avait chargés d'expertiser. Le prix d'achat fut de 350 florins et une inscription latine encore lisible sur le tableau, composée par le Dr Philippe Sweerins, professeur de droit à l'Université, et que traça de son pinceau Léonar de Marienberghe, fixa pour la postérité le souvenir de la libéralité du roi d'Espagne et l'offre respectueuse du tableau en signe de gratitude. Cette inscription commence par : Johannis Mabeus.

En juin 1588, Jan Van Schoore écrivait à Pierre de Raust : « *Nous ne sommes guère courtisans et nous n'avons bien peu de moyen pour montrer extérieurement l'amour et affection extrêmes que nous portons à Sa Majesté ; cependant nous efforçons en auculne manière pour quelque démonstration à l'aderays du S. Père Provincial, lequel veu* ung Portraict de Notre-Dame, fait de la main de Jehan Mabeuze maistre principal de son temps en tel l'ardt *et jugeant que ce pourroet estre chose agréable, comme une petite fleur mise en aultel* ».

Nous savons encore que le tableau fut enveloppé de

taffetas vert et placé dans une boîte en bois. Le 27 juin 1588, la ménagère, Marie de Muyser, le porta à Bruxelles à Jean van Bierbech, concierge de la chancellerie des comptes de Brabant. Celui-ci l'expédia à Anvers, à l'adresse de Henri Van der Borcht de Louvain, qui l'envoya à Nantes. De là, la caisse partit le 14 décembre 1588 et arriva en janvier 1589 à Madrid. Le Conseil de Louvain avait fait joindre quatorze douzaines de gants fins faits par Thomas Huens, de Louvain, et destinés à l'infante Isabelle. Le 3 février 1589, Pierre de Raust présenta le cadeau à Sa Majesté « qui l'at reçeue fort bénignement et luy at semblé fort belle ». Le tableau fut placé dans la galerie du Roi à l'Escurial d'où il fut transporté au Musée du Prado où il est encore.

Entouré de toutes ces garanties, ce tableau était par conséquent attribué à Jehan Mabeuze au moins depuis le mois de juin 1588.

Cependant, on ne le trouvera point dans le catalogue général des œuvres de Gossart. M. Friedländer a démontré que cette attribution — toute ancienne qu'elle soit — est tout de même erronée.

Des trouvailles importantes ont, au contraire, enrichi le catalogue de ce peintre. M. Hulin de Loo a identifié l'un des portraits par Mabuse de la National Gallery de Londres comme étant celui de Jacqueline de Bavière, fille de l'amiral de Bourgogne. Il a reconnu aussi, d'après des éléments de comparaison que lui a fournis le Recueil du Musée d'Arras, le portrait de Charles de Bourgogne conservé au Kaiser Friedrich Museum de Berlin. C'est par M. James Weale que le saint Donatien du Musée de Tournai a été reconnu comme ayant fait partie d'un diptyque dont le second volet était le portrait de Carondelet conservé aujourd'hui dans la collection Moritz Ritter von Gutmann à Vienne. On sait que M. Friedländer a cru reconnaître au Musée de l'Ermitage le grand triptyque attribué jusqu'à présent à Van Orley comme étant l'une des œuvres les plus *célèbres de Mabuse et que l'on croyait perdue : la fameuse* Déposition de Croix *dont parle Van Mander.*

Deux monographies ont été consacrées à Jean Gossart. Ce sont deux thèses de doctorat. L'une a été publiée à Lille en 1902, par M. Maurice Gossart. Elle a le grand mérite d'avoir été la première en date et d'avoir rassemblé pour les mettre sous nos yeux toutes les pièces d'archives qu'avaient retrouvées, çà et là, au hasard de leurs recherches. des érudits patients et obstinés, tels par exemple que M. A. Jennepin et M. Guillain, tous deux originaires de la ville de Maubeuge.

A peu près complète du point de vue « documents d'archives », la monographie composée par M. Maurice Gossart ne s'était point appliquée à dépouiller le catalogue des œuvres de Jean Gossart des attributions parasites. S'en rapportant aux cartouches des musées, il ne retirait à Gossart ni La Peseuse d'or *du Musée de Berlin (attribution capitale qui en entraînait un grand nombre d'autres), ni le grand triptyque du Musée de Bruxelles, ni un grand nombre d'autres tableaux dont le maintien au catalogue ou l'élimination modifient profondément la physionomie générale de l'œuvre et celle du peintre.*

La seconde thèse de doctorat a été publiée en 1912 à Parchim i. M., dans l'extrême nord de l'Allemagne, par M. Ernst Weisz. Elle n'a pas été traduite. Se bornant à résumer les documents d'archives qui établissent les points principaux de la biographie et de la carrière de l'artiste, M. Weisz s'est attaché à composer un catalogue raisonné de l'œuvre de Mabuse. Bien qu'elle soit d'une lecture difficile, sa monographie est de beaucoup le travail le plus intéressant et le plus complet qui ait été publié jusqu'à ce jour sur le peintre de Maubeuge.

Les documents essentiels étant maintenant à la disposition de tous, peut-être restait-il encore quelque chose à faire. Nous avons essayé de faire revivre la personnalité de Mabuse en interrogeant ses œuvres.

Il n'entrait pas dans le plan de cet ouvrage d'étudier une à une la cinquantaine d'œuvres principales qui composent le catalogue de M. Weisz. Huit d'entre ces tableaux sont signés et datés. Un neuvième — le tableau capital de Prague — est signé sans être daté. C'est de ces œuvres incontestables — et d'un petit nombre d'autres qui sont incontestées — que nous avons déduit les opinions que nous proposons sur la personnalité du peintre, sa technique, son idéal particulier, les particularités de sa vision et l'influence qu'il a pu exercer. C'est aussi de l'étude de ces tableaux incontestés que nous avons déduit le critérium technique d'après lequel nous avons contrôlé, chaque fois que cela nous a été possible, le catalogue de M. Weisz, et adopté, par exemple, comme étant de la main de Mabuse, le portrait de vieillard au Musée du Louvre, bien que le cartouche ne porte point le nom de Mabuse, tandis que nous refusons d'admettre le portrait d'un chevalier de la Toison d'or au Musée de Bruxelles et le portrait de van Eden du Musée d'Anvers bien qu'ils soient en possession d'état.

L'honneur d'un critique d'art, quand il dresse le catalogue d'une œuvre aussi mal connue que celle de Mabuse, est d'abord d'en éliminer les attributions douteuses, mais c'est aussi et surtout d'y inscrire quelques œuvres authentiques qui avaient échappé jusqu'alors aux catalogues précédents.

Nous aurons obtenu cette satisfaction précieuse si, comme j'en ai la conviction, la critique et le public admettent désormais, comme faisant partie de l'œuvre de Mabuse, des tableaux comme celui de M. Max Wasserman à Paris, celui de Madame Adolphe Schloss à Paris, celui de la collection Sedelmeyer à Paris, et peut-être le dessin de la collection J. Masson à Amiens.

BIOGRAPHIE

La date exacte de la naissance de Jean Gossart, dit
Mabuse, n'est connue qu'approximativement. On n'a pas
retrouvé son acte de naissance. Qu'il soit originaire de Maubeuge, en Hainaut, comme le démontre son surnom et comme
l'ont admis sans exception tous ses contemporains, c'est ce qui
ne peut faire aucun doute. Bien qu'il ne demeure dans sa ville
natale aucun tableau de Mabuse, sauf peut-être une copie
ancienne du *Christ à la Colonne*, qui faisait partie de la collection Guillain, son souvenir n'y est pas oublié. De 1900 à 1914,
chaque année, pendant treize ans, un cortège de Jean Mabuse
s'est déroulé dans les rues de la ville. Ce cortège comportait
souvent douze à quinze cents personnes, dont quatre à cinq cents
musiciens. On admettait autrefois que Gossart était né en 1470.
La date 1478 paraît aujourd'hui concorder plus exactement avec
les documents d'archives qui ont été retrouvés.

La plus ancienne mention de ce nom que l'on ait retrouvée est l'inscription de « Jennyn Van Henegouwe » sur les
registres de la gilde de Saint Luc, à Anvers, à la date de 1503.
Ce Jean de Hainaut était-il Jean Gossart? C'est ce qui paraît
certain. Jennyn est le diminutif familier de Jean. Karel Van
Mander dans son livre appelle Gossart : Jennyn. Une lettre de
Christian II de Danemark à l'abbé de Saint-Pierre, désigne

Gossart sous le prénom de Jennyn Mabuse. C'est de ce diminutif qu'est signé l'*Adoration des Mages*, dite de Carlisle, qui se trouve aujourd'hui à la *National Gallery*, de Londres. En admettant que Jean Gossart ait été admis à la maîtrise à l'âge de 25 ans, on doit accepter pour l'année de sa naissance la date de 1478.

Cette date concorde avec un hexamètre composé au sujet d'un portrait de Reynier Snoy, peint en 1528. « *Malbodius pinxit dum quina decennia vixit* » (1). La cinquantième année, en 1528, implique la date de 1478. Cette date est confirmée par une autre mention de la page 53 des archives de la gilde de Saint Luc, d'Anvers (2) : « Mabuse fit le portrait de son ami qui, étant âgé de 53 ans, était un peu plus âgé que lui. »

Dans les archives de la gilde de Saint Luc, deux autres mentions, l'une de 1505 et l'autre de 1507, se rapportent à ce Jenin de Hainaut. Le premier désigne « Hennen Mertens gheleert by Jennyn van Henegouwe », et la seconde : « Machiel int Swaenken ».

Il est fort probable que Jean fut le fils de Simon Gossart, relieur du chapitre de Sainte Aldegonde à Maubeuge, et qui nous est connu par une quittance, datée de 1514, et retrouvée par M. A. Jennepin. Cette quittance est ainsi conçue : « Item,

---

(1) Voici la citation exacte :

« *VII Octobris 1626, vidi apud Adamum pictorem effigiem Regneri. Snoy artificiosa Mabusii manu, ad vivum expressam cuta nigra et rubra, quae pertinebat ad heredes Kegelingii ; adscripta erant sequ. verba :*

« *1528 æt 53.*

« *Magister Reijnerus Snoy Goudanus Medicinæ Doctor*

« *Malbodius pinxit dum quina decennia vixit*

« *In cineres dum fata jubent moriturus abibo.* »

Regnier Snoy mourut le 1er août 1537, dans sa ville natale de Gouda. Si l'on en croit une inscription publiée dans la chronique de la Société historique d'Utrecht, le 2 janvier 1846, p. 147 et reproduite par M. Weisz.

(2) Publiée en deux volumes, par P. H. Rombouts et T. H. Van Lerius, à Anvers, 1872.

moy, Simon Gossart, cognoi avoir recheupt de Jan Bruneau, pour avoir luyet (relié) un livre d'Office qui se nomme un grel (graduel) la somme de lxx sols. Ce xxxjjj décembre XVe xiii ».

D'autres documents d'archives de la ville de Maubeuge concernent les Gossart. En 1368, un Jehan Gossart loue en la rue du Chanoine une maison appartenant au Chapitre, pour VI livres blancs par an (Compte du Chapitre pour l'an 1368).

Vers 135o existent à Maubeuge deux frères, Jehan et Nicaise Gossart. Ce Jehan dut être le père de Simon le relieur et l'aïeul de Jean Mabuse, qui prit ainsi le nom de son grand-père, de même que son frère Nicaise recevait le nom du grand-oncle paternel.

On croit que Jean Gossart, le peintre, avait eu un frère cadet. Ce serait le Simon Gossart, châtelain de la trésorerie du Chapitre en 15.52, et qui aurait reçu, par conséquent, le prénom de son père le relieur.

Si l'on admet cette généalogie, Jean Gossart serait donc né d'une famille d'artisans touchant de près au clergé et aux artistes. Cela expliquerait, notamment, qu'il ait eu très tôt entre les mains de beaux livres à miniatures.

Cette hypothèse, très vraisemblable, s'accorde avec ce je ne sais quoi de miniaturiste qui se reconnaît dans l'*Adoration des Mages*. On a cru reconnaître la signature Gosar sur l'une des belles miniatures du fameux bréviaire Grimani, conservé au Musée de Venise. Peut-être est-elle apocryphe.

***
** **

Le prince de Bourgogne qui allait devenir le protecteur de Jean Gossart était Philippe, né à Bruxelles en 1465, de Philippe le Bon, duc de Bourgogne et de Marguerite Post.

Ce seigneur reçut à Bruxelles une brillante éducation. Il étudia les langues anciennes et s'intéressa aux Lettres et aux

4

Arts. En 1477, il fut conduit à la Cour, âgé de 12 ans, par Marie de Bourgogne femme de l'Archiduc Maximilien.

En 1484, Philippe reçut à Bruges le collier de la Toison d'or des mains de Maximilien devenu Empereur. Il alla ensuite vivre à Utrecht auprès de son frère David, prince-évêque de cette ville, et il y mena une vie mondaine et fastueuse. Gérard de Nimègue dit : « On l'aimait plus qu'il n'aimait, et plusieurs grandes dames dépérirent à cause de lui. »

Quand ce prélat mourut, Philippe retourna à Bruxelles dépenser royalement l'énorme héritage qu'il avait recueilli de sa sœur Anne de Bourgogne, fille illégitime de Philippe le Bon. Celle-ci avait épousé Adolphe de Clèves et mourut le 17 Janvier 1504. Elle fut inhumée dans l'église Saint-Dominique de Bruxelles.

Philippe de Bourgogne reçut en 1512 le titre d'Amiral de la mer et gouverneur de Gueldre et de Zuytphen.

*
* *

Le 26 Octobre 1508, Philippe de Bourgogne partit de Malines pour se rendre à la cour du pape Jules II avec un brillant cortège où se trouvaient presque certainement, entre autres personnages considérables, Jacques de Barbari et Gérard de Nimègue. Le but de ce voyage est demeuré assez obscur. Il se peut que le but politique ait été la conclusion contre Venise de la Ligue de Cambrai signée le 10 Décembre 1508 et machinée par la Régente des Pays-Bas. M. Maurice Gossart a publié les « instructions » données à Philippe, bâtard de Bourgogne, amiral, et à trois autres ambassadeurs. Il en a trouvé le texte sur une mauvaise copie exécutée au XVIIe siècle d'après un texte latin et qui est conservé à la Bibliothèque Nationale de Paris. M. Maurice Gossart a publié aussi le rapport fait à Marguerite d'Autriche, régente des Pays-Bas, par Philippe, bâtard de Bourgogne, ambassadeur à Rome de Monseigneur l'Archiduc.

Ce rapport écrit en français, daté de La Haie 28 juin 1509, ne fait aucune mention du but politique de la mission. Il est extrêmement probable que Gossart faisait partie de ce cortège. Il est possible cependant que l'ambassade arrivant à Rome l'y ait trouvé déjà établi.

Le voyage se poursuivit avec faste à travers les villes de la Renaissance italienne. Le pape Jules II accueillit somptueusement les envoyés de l'Empereur. « Philippe, écrit Gérard de Nimègue, aimait les tableaux et non seulement il était bon juge, mais il jugeait en praticien ayant lui-même étudié, dans sa jeunesse, la peinture et l'orfèvrerie. Il parlait avec compétence d'architecture, d'aqueducs et de fontaines. Le pape Jules II offrit à cet ambassadeur des toiles de grand prix et des marbres, mais la grandeur d'âme du Prince était telle qu'il ne voulut accepter que deux statues : l'une, de Jules César, et l'autre, d'Hadrien. »

Gérard de Nimègue ajoute une phrase très intéressante : « Rien ne plaisait tant à Philippe que de contempler ces monuments de l'antiquité *qu'il faisait peindre par l'éminent artiste du nom de Jean Gossart de Maubeuge* ». « *Nihil magis eum Romae delectabat quam sacra illa vetustatis monumenta, quae per clarissimum pictorem Joannem Gossardum Malbodium depingenda sibi curavit* » G. *Noviomagi, veteris viae analecta d'Antonius Matthaeus*, 2ᵉ édit., p. 152, La Haye 1738, tome 1.

A quelle date revint l'ambassade ? Un registre de la Chambre des Comptes de Lille dit expressément : « Il y a été occupé jusqu'au XXIJᵉ jour de juing l'an XVᵉ neuf » (1).

Gérard de Nimègue dit « *legatione peracta in Brabantiam rediit* ». A la fin de juin 1509, Philippe et son cortège étaient donc revenus à Bruxelles. De Bruxelles, Philippe se rendit à la

____

(1) Registre nᵒ F 196ᵉ fᵒ iij, XIX, Vᵒ Chambre des Comptes à Lille.

6

Haye pour rédiger son rapport et le remettre à la Gouvernante des Pays-Bas.

Nous ne savons exactement, ni à quelle date, ni à la suite de quelles circonstances, Jean Gossart fut mis en relations avec Philippe (1), bâtard de Philippe le Bon. Qu'il nous suffise de savoir, par le témoignage de Gérard de Nimègue, que notre peintre était à Rome, en 1508, le familier de Philippe, qu'il peignit des monuments antiques pour le compte de son protecteur, et qu'il était déjà assez connu à cette date pour mériter de la part de Gérard de Nimègue l'appellation : « *clarissimum pictorem* ». Nous devons admettre que Gossart demeura à Rome après le départ de l'ambassade, puisqu'une pièce publiée par M. Bercet, des archives de Lille, émanant d'un secrétaire de Philippe, nous fait connaître qu'en juillet 1509, plusieurs semaines après le retour à Bruxelles, Gossart était encore à Rome, occupé aux dernières copies commandées par Philippe.

A la fin de l'année 1509, Gossart semble avoir été de retour dans les Pays-Bas. C'est ce qui ressort de son inscription à la confrérie de la Sainte-Vierge de Middelbourg si toutefois on identifie notre peintre avec le Janin de Waele ou Janin le Wallon (pièce citée par Maurice Gossart, p. 31) qu'on trouve à cette date sur les registres de cette société.

Après la mort de Philippe le Bon, survenue en septembre 1506, Philippe de Bourgogne ayant cédé sa charge d'amiral à Adolphe, seigneur de Beveren, se retira dans son château de Suytbourg, dans l'île de Walcheren en Zélande, entre Flessingue et Middelbourg. Il s'entoura d'artistes, d'écrivains et d'une cour brillante. Parmi ses commensaux se trouvaient Gérard de Nimègue qui fut son biographe, Gossart, Jacques de Barbari,

(1) Registre Nº F. 196. Folio iij, XIX, Vº. Philippe était né en 1465. Il mourut en 1524. *Gerardi Noviomagi Vita clarissimi, principis Philippi de Burgundia, etc... Argentorati 1529.*

Erasme, Jean Paludanus et Charles Bembo, alors ambassadeur de Venise auprès de Charles le Téméraire.

Vers cette époque sans doute fut exécutée la fameuse *Descente de Croix* — sans doute le panneau central d'un triptyque — que Gossart exécuta pour l'abbaye des Prémontrés de Middelbourg et qui devint vite assez célèbre pour que Dürer, dans ses notes de voyage, ait consigné à la date du 9 décembre 1520 qu'il alla la voir et « qu'il en aima plus la peinture que la composition ».

Cette peinture a dû être détruite en 1568 dans un incendie provoqué par la foudre (1).

On ignore à quelle date exacte Gossart épousa Marguerite S' Molders dont il eut plusieurs enfants. Aux archives de la Chambre pupillaire de Veere en Zélande a été retrouvée une note du 11 avril 1536 clôturant l'inventaire dressé à la mort de Marguerite S' Molders, épouse de feu Jean Gossart, dit Mabuse. Elle a été publiée par Maurice Gossart, p. 143, de même qu'un acte du 18 mai 1536, établissant la situation de Pierre Gossart, âgé d'environ 15 ans, fils mineur de Jean Gossart, dit Mabuse, dans la succession de ses parents défunts. Henri Van der Heyden et Jean Eyen, beaux-frères de l'orphelin, sont cités dans cet acte comme ayant fait déclaration sous serment en présence de Nicaise Gossart, oncle de l'orphelin du côté paternel.

Un troisième document, daté du 28 mai 1537, relate un paiement fait par la veuve de Nicaise Gossart, frère de Jean Gossart, à Henri Van der Heyden, gendre de Jean.

Nous connaissons donc de sources sûres que Mabuse eut deux filles et que l'une d'entre elles, Gertrude, fut mariée au peintre Henri Van der Heyden, de Louvain. Nous savons aussi que son fils Pierre, né vers 1521, devint, en 1554, doyen de la

---

(1) M. Friedländer a cru retrouver cette peinture au Musée de l'Ermitage, à Saint-Pétersbourg. Au Musée des Arts décoratifs de Bruxelles, une tapisserie passe pour avoir été tissée d'après cette célèbre composition.

8

Gilde de Middelbourg (1). Nous ne connaissons pas ses œuvres.
C'est une question de savoir s'il fut un imitateur de Mabuse et si
quelques-unes de ses œuvres subsistent sous ce nom illustre.

Nicaise Gossart, frère de notre peintre, nous est connu
par une mention qui est faite de lui dans les comptes de la ville
de Middelbourg. Ce document nous fait connaître que, pour la
construction du nouveau port à Middelbourg, on demanda,
en 1529, des consultations à diverses personnalités, géomètres
ou architectes.

« Nicaise Mabuse reçut III livres XIII sols IV grains
pour faire un modéle de l'ancien port et un projet du
nouveau. Il tint conseil en 1531 avec Herman de Corte
et le bailli de Watervliet pour donner son avis sur la façon
de faire le port le plus commodément (2). »

Mabuse fit-il partie de l'ambassade qui partit le 16 juillet 1545 pour conduire à Christian II de Portugal sa fiancée
Isabelle, sœur de Charles-Quint? Il se peut. Nous retrouvons
mention de notre peintre en l'année 1516. A propos de la
mort de Ferdinand le Catholique et de la cérémonie funèbre
qui fut célébrée à Bruxelles le 13 et le 14 mars 1516, Gossart
est cité comme ayant reçu 15 livres « pour avoir faict les
patrons » d'un char triomphal orné de trophées guerriers.

Une lettre du 3 avril 1516 (3) nous fait connaître
un paiement de 40 livres de gros de Flandre pour 2 portraits d'Eléonore, sœur de Charles-Quint, que ce monarque
avait commandés à Mabuse. L'ordonnance de paiement
sur parchemin avec sceau de cire vermeille est conservée aux
archives de la Chambre des Comptes à Lille, B. 2255, N° 2.
Elle est signée Hanneton. Le reçu de Jean Gossart nous

(1) A. BREDIUS : *Les livres de la Gilde de Saint-Luc à Middelbourg*,
pp. 109 et 113.

(2) Comptes de la ville de Middelbourg. Traduction A. Kennis, citée par
Maurice Gossart, pp. 45 et 57.

(3) Archives des arts par A. Pinchart, série I, tome I, page 180.

a aussi été conservée, ibid. B **2222**. — L'ordonnance mentionne : « quarante livres en récompense de deux tableaux de la pourtraicture au vif de notre très chère et très amée seur dame Léonora d'Autriche qu'il nous a baillies et pour aultres menues parties de peinture qu'il nous a faictes à notre plaisir... »

Le 7 mai 1517, en grande pompe, Philippe de Bourgogne fit son entrée dans Utrecht dont il venait d'être élu prince-évêque par les conseillers de Charles-Quint sur la proposition de Marguerite d'Autriche.

Il s'établit ensuite dans le château de Duerstede près de Wyck sur le Rhin non loin d'Utrecht, et entreprit de l'embellir avec le concours de Gossart pour les peintures et tapisseries et de Claude Carnot pour les dessins de sculpture. Gérard de Nimègue nous apprend aussi que c'est à cette époque que Hans Scorel vint faire visite à Mabuse et, s'il faut en croire J. B. Descamps (1), le quitta « à cause des débauches et du libertinage de Mabuse qui, plusieurs fois, mit en danger la vie de son nouvel élève ». Cette accusation d'avoir trop aimé le vin, le jeu et le reste, a été reprise par Isaac Bullart (2) et par tous les historiens qui se sont inspirés des livres de Karel Van Mander (3) qui, le premier, a porté contre Mabuse cette accusation.

Rappelons-nous que le diptyque de Carondelet au Louvre est daté de cette même année 1517, et qu'il fut terminé avant le mois de septembre, puisque nous savons que Carondelet, en septembre, partit avec Charles-Quint pour l'Espagne.

A la date du 12 juin 1523, se trouve noté, aux

(1) La vie des peintres flamands, allemands et hollandais, chez Jombert, rue Dauphine, 1753.

(2) Isaac Bullart, Académie des Sciences et des Arts, Bruxelles, Foppens, 1682, p. 422.

(3) Traduction de Henri Hymans, Paris 1883.

« comptes de dépenses de Marguerite d'Autriche » conservés aux archives de Bruxelles, un paiement de quarante livres de gros de Flandre fait à Mabuse pour avoir « pendant l'espace de quinze jours entiers avoir peint et racousté plusieurs riches et exquises pièces de peintures étant en son cabinet en cette ville de Malines. » (1)

Le reçu du dit Jehan de Maubeuge pour la dite somme de 40 livres est mentionné dans cet acte.

Philippe, prince-évêque d'Utrecht, mourut dans cet ville le 7 avril 1524, âgé de 59 ans, en serrant les mains de Gérard de Nimègue. Ses funérailles furent magnifiques et il fut inhumé à l'Eglise Saint-Jean Baptiste de Wyck à côté de son frère David de Bourgogne. Jean Gossart et Gérard de Nimègue firent partie du cortège funèbre et firent graver sur son tombeau l'inscription :

D. O. M. S.

OPT. PROESULI, CLEMENTISS. PRINCIPI

PHILIPPO BURGUNDIA

BONI PHILIPPI BURGUNDIŒ DUCIS FILIO

EPISCOPO ULTRAJECTINO

PATRONO BENE MERITO

JOANNES MALBODIUS ET GERARDUS NOVIOMAGUS

P. S.

Ce protecteur émérite perdu, Jean Gossart accepta l'hospitalité d'Adolphe de Bourgogne, petit-fils de Philippe-le-Bon par son père Antoine, bâtard de Bourgogne, et neveu de Philippe de Bourgogne, frère de son père. Adolphe était seigneur de Beveren. Par sa mère Anne de Borselen, il était seigneur de Vere et de Flessingue. Il avait épousé Anne de Berghes, fille de Jean, seigneur dudit lieu, dont Mabuse fit le portrait (comme

(1) Au registre de la Chambre des Comptes de Lille, n° 1799.

nous l'apprend Karel Van Mander) ressemblant à une Sainte Vierge tenant son enfant sur les genoux, et dont un exemplaire se trouve au Musée de Bruxelles. Devenu amiral de Zélande à la suite de la décision de Philippe de Bourgogne, il alla habiter Middelbourg.

Dans le château de Middelbourg, Christian II de Danemark, chassé de ses Etats le 14 avril 1523 aux clameurs d'une foule immense, était venu se réfugier. Adolphe lui offrit la plus large hospitalité. Mabuse devint l'ami du roi détrôné et fit le portrait de ses trois enfants : Hans, Dorothea et Christine (Musée d'Hampton-Court). Van Mander en parle. Ce portrait a servi de modèle à plusieurs artistes contemporains de Mabuse.

Mabuse peignit aussi les portraits de deux favoris de Christian II.

L'inventaire des collections de Marguerite d'Autriche signale ce double portrait par ces mots : « le pourctraiture au vif des nayn et nayne du Roi de Danemarque faict par Jehan de Maubeuge fort bien faict. » Ces trois derniers mots font d'autant plus regretter la perte de ce tableau.

C'est à Middelbourg que Mabuse forma Lambert Lombard (1) le Liégeois; à Middelbourg aussi que se place l'anecdote citée par Van Mander de « la robe de Mabuse » (2) ; à Middelbourg, enfin, qu'en 1527 arriva sur son grand bateau hollandais (treckshuyt) le jeune Lucas de Leyde, âgé de trente ans, très riche, très épris d'art « et qui parcourait les canaux de Hollande en croquant de ci de là un paysage ». Dès son arrivée, il convia Mabuse, les élèves de son atelier et tous les artistes de la ville, à un somptueux banquet qui coûta 60 florins, somme énorme pour l'époque. Lucas était vêtu de soie jaune, Gossart d'une robe de drap d'or.

De bonne amitié, ils partirent ensemble pour Anvers,

(1) Hubert Goltzius : *Lamberti Lombardi apud Eburones vita*. Bruges 1565.
(2) Maurice Gossart, p. 47.

Gand et Malines, offrant partout des banquets aux artistes et aux amateurs d'art. Si l'on en croit Isaac Bullart, ce voyage coûta la vie à Lucas de Leyde, qui se crut empoisonné par les peintres jaloux de sa réputation et mourut de consomption en 1533, c'est-à-dire six ans après son arrivée à Middelbourg.

*
* *

Le roi Christian II, après avoir quitté le château d'Adolphe de Bourgogne, avait mené une vie errante. Son épouse, Isabelle d'Autriche, après avoir longtemps dépéri, mourut, le 29 janvier 1526, au château de Swynaerde, près de Gand, mis à la disposition des exilés par l'Abbé de Saint-Pierre de Gand. C'est Mabuse que le roi Christian chargea d'élever un tombeau à la mémoire de sa femme.

A la date du 20 août 1528, Christian, qui habitait alors Lierre, écrivait une lettre à l'Abbé de Saint-Pierre pour le prier de faire hâter la construction de ce tombeau et lui demander que le maître qui a entrepris la sépulture veuille bien se rendre à Gand la semaine suivante et qu'il amène avec lui Jean de Maubeuge, « car nous irons en personne à Gand pour causer avec eux » (1).

Il paraît certain, d'autre part, que Lancelot Blondel alla consulter Jean Gossart sur le plan de la célèbre Cheminée du Franc à Bruges et que Jean Gossart reçut une somme de 20 livres pour ses bons avis (2).

*
* *

La date de la mort de Jean Gossart se trouve à peu près fixée par la trouvaille faite par MM. Guillain et Kennis en 1900 et en 1902 dans les archives de la Chambre pupillaire de Veere

(1) Conservée aux archives de l'Etat à Gand.
(2) James Weale : « Lancelot Blondel, » Bruges, Delplanche 1908.

en Zélande, d'un document daté du 18 mai 1536. Ce document constate que Jean Gossart Mabuse avait fait devant le notaire Hadrianus Martini un testament en faveur de son fils Pierre, le dernier jour de juin 1533. Le même document fixant, d'une part, les sommes dont le père dispose en faveur de son fils, et d'autre part, le total de la succession recueillie par le fils, on peut induire de la progression légère de la seconde somme sur la première que les intérêts n'avaient eu le temps d'accroître le capital que pendant un petit nombre de mois. Gossart mourut donc à la fin de 1533 ou au commencement de 1534. Ce fut, en tous cas, avant le 11 avril 1536, date de l'inventaire des biens de sa veuve Marguerite 'S Molders.

Il mourut probablement dans la ville où exerçait le notaire Hadrianus Martini, mais on n'a retrouvé ce nom sur aucune des listes de notaires déposées à Bruxelles. Sans doute ce Martini était-il un notaire habitant à Middelbourg ou aux environs. Nous pouvons croire que Jean Gossart mourut à Middelbourg, puisque c'est dans cette ville que lui survécurent sa veuve, ses deux gendres et son fils.

Voici l'épitaphe de Mabuse, telle qu'elle nous a été transmise par J. Cock et I. Bullart :

TUQUE ADEO NOSTRIS SŒCLUM DICERE, MABUSI,
VERSIBUS AD GRAPHICEN ERUDIISSE TUUM :
NAM QUIS AD ASPECTUM PIGMENTA POLITIUS ALTER
FLORIDA APELLEIS, ILLINERET TABULIS ?
ARTE ALIIS, ESTO, TUA TEMPORA, CEDE SECUTIS,
PENICULI DUCTOR PAR TIBI RARUS ERIT.

L'ADORATION DES MAGES

En 1911, la Galerie nationale de Londres a acheté, pour un million, un tableau qui faisait partie, depuis longtemps, de la collection de Castle Howard et dont les Américains auraient donné bien davantage, si le dernier propriétaire n'avait voulu assurer définitivement à sa patrie la possession de ce chef-d'œuvre. Le tableau est d'un éclat et d'une conservation remarquables. Cependant, je crois distinguer quelques retouches, notamment dans les taches des robes des deux principaux anges volants. Il y a là des tons qui ne sont pas dans la pâte. Ce sont des repeints. Dans la manche droite de l'ange volant jaune, tout à fait en haut et à notre droite, un trou a été bouché et repeint.

Ce tableau représente *l'Adoration des Mages*. On en connaît parfaitement l'histoire. Il fut peint aux environs de 1500 pour l'abbaye de Grammont dans la Flandre Orientale et il fut vendu en 1605 pour 2.000 florins par les moines de ce couvent à l'archiduc Albert, qui le plaça au maître-autel de sa chapelle privée à Bruxelles. Au XVIIIme siècle, Charles de Lorraine, gouverneur général des Pays-Bas, s'en rend acquéreur et le transporte dans son palais ducal. Le tableau passa ensuite dans la collection de Philippe d'Orléans dit Égalité. Après la Révolution, il est vendu avec toute la collection et passe par Bruxelles avant de partir pour l'Angleterre et de prendre place dans la collection de Frédéric, premier comte de Carlislhe. Il n'avait pas quitté depuis lors le château de cette famille. La signature de Jean Gossart figure en lettres d'or d'une belle écriture gothique sur le bandeau de la couronne du roi nègre. Une seconde signature se lit autour du cou du serviteur nègre. Sur la bordure inférieure du voile liturgique on lit : SALVE REGINA S M II V II. Faut-il lire 1507 ?

Cette *Adoration des Mages* constitue un document de premier ordre pour l'étude des Primitifs du nord de la France en général et pour l'étude de Jean Gossart, dit Mabuse, en particulier.

Le tableau représente la Vierge en robe et en manteau bleus, assise au centre avec l'enfant nu sur ses genoux. Celui-ci prend avec curiosité, de l'extrémité des doigts, l'une des pièces d'or qui emplissent le calice d'or magnifiquement ciselé que lui présente sa mère, mais que lui offre un roi mage à genoux, mains jointes, vêtu d'un superbe manteau de velours rouge-groseille-foncé, doublé d'une fourrure fauve qui se relève sur le bras et laisse voir d'éclatantes manches jaunes.

A notre droite, à côté de ce groupe principal, un second roi mage debout offre un reliquaire d'or très richement orfévri. Il est vêtu d'un pourpoint vert rehaussé d'or, d'un manteau jaune à col d'hermine et de chausses rouge-groseille-vif, presque du même ton que le chapeau orné de franges d'or et recouvert d'une couronne d'or finement ciselée. Il est impossible de dire la gravité de ce visage et l'éclat rayonnant de ce splendide costume. Son jeune page, derrière lui, porte sur le bras le manteau de son maître d'un rouge différent des deux autres; il porte aussi l'épée et détourne

L'Adoration des Mages.
Ensemble du tableau.
(National Gallery, Londres)

la tête. Vers notre droite, le groupe se complète d'un homme d'armes en vêtement bleu que l'on voit presque de face et, en profils perdus, d'autres hommes d'armes près de leurs chevaux. Derrière eux, au lointain, on distingue l'arrivée d'une troupe chevauchant à flanc de colline.

A notre gauche, un troisième groupe entoure un troisième roi mage, Ethiopien à la peau brun-foncé sans être noire, et qui offre, des deux mains, un troisième reliquaire non moins magnifique. Il est vêtu d'une tunique jaune, d'un manteau rouge-rose tirant vers le grenat, avec une bordure de broderie d'or rehaussée de cabochons. Il a, sur les épaules, une peau de tigre. Une sorte d'étole de lin blanc bordée de franges se noue autour du cou largement décolleté et retombe presque jusqu'à terre; ses mains ne touchent pas le reliquaire. C'est exactement le geste du prêtre qui, revêtu du voile, présente au peuple l'ostensoir de l'Eucharistie. Mabuse avait vu et noté ce geste rituel, d'autant plus naturel au roi nègre que celui-ci était encore un païen, à peine un catéchumène. Une sorte de délicatesse l'empêche de toucher l'objet sacré! Ce roi mage est coiffé d'une sorte de tiare orientale sur laquelle pose une couronne d'or ciselé surmontée d'une aigrette d'or et de perles. Il est botté de cuir jaune fauve. On ne peut donner une idée de la richesse de ce costume, de l'étrangeté tempérée d'un goût parfait de cet exotisme et du caractère à la fois fastueux et mesuré de cet orientalisme de parade. Son page, les mains basses, se tient par derrière et relève la longue traîne du manteau. Il est en pourpoint bleu avec une jupe à godrons de même couleur. Il porte un bonnet rouge d'où les cheveux blonds retombent en boucles sur le cou. Dans ce costume, dans l'attitude, dans l'expression du visage, et dans toute la facture, il y a une ressemblance avec les jeunes pages florentins si élégants et d'un charme si subtil. Quatre ou cinq personnes, dont on ne voit que les visages ou les bustes entre les épaules des personnages principaux, complètent ce troisième groupe.

Dans la partie supérieure du tableau, à notre gauche, deux anges arrivent en volant : l'un est blanc à ceinture rouge, les mains jointes, l'autre, en tunique verte, porte un phylactère avec une inscription. A notre droite, trois autres anges, l'un derrière l'autre, viennent du ciel, les mains jointes, pour assister au mystère de la Nativité. L'un est en robe rose, l'autre en gris, et le dernier en jaune pâle. Ces deux groupes remplissent la droite et la gauche. Dans la partie médiane, exactement au-dessus de la Vierge assise, se voit le ciel bleu à travers les architectures. Par ce chemin céleste s'approche à travers les airs un troisième groupe d'anges. Ils sont beaucoup plus petits et ils forment un groupe délicieux que domine, volant aussi vers la Nativité, la Colombe du Saint-Esprit. Ces anges ont des visages d'une suavité charmante. Leurs cheveux blonds, en boucles, retombent sur les épaules. Ce sont les frères des anges volants de l'Ecole toscane. Leurs groupes sont d'une couleur, d'un mouvement, d'une légèreté, et d'une expression de visage délicieux.

Toute la scène est enfin comme enfermée dans une sorte d'église en ruines, riche en motifs architecturaux, colonnes, chapiteaux, piliers brisés, frises interrompues, voûtes et murailles, sur lesquels brille le rouge de la robe de saint Joseph placé dans l'embrasure d'une porte. Au-delà des architectures, le ciel apparaît partout, encore bleu, mais déjà pénétré des jaunes diffus du soleil parvenu presque au terme de sa course. On sent que c'est la fin d'un bel après-midi. Il y a un poudroiement d'or dans ces bleus délicats. L'atmosphère, d'une légèreté exquise, est d'une grande vérité.

En dehors de ces sujets principaux, il y a des détails importants, par exemple : les deux chiens blancs, dont l'un est taché de jaune, qui se trouvent au premier plan ; diverses orfèvreries d'or éparses sur le sol, un prodigieux chapeau rose-

L'Adoration des Mages.
Détail de la partie centrale inférieure.
(National Gallery, Londres)

groseille doublé d'hermine, posé à terre à côté d'autres objets et que rehaussent des broderies d'or, une couronne d'orfèvrerie, et, au sommet, un bouton d'or enrichi de perles fines, de ciselures et de franges d'or.

*
* *

On ne peut imaginer rien de plus riche ni de plus éclatant dans la simplicité que l'ensemble de ce tableau. L'artiste a voulu exprimer le contraste entre le luxe le plus splendide des Rois de la terre et la pauvreté toute nue mais d'autant plus touchante du Roi du Ciel et de sa mère. Les deux groupes fastueux, si splendides qu'ils soient, n'attirent pas outre mesure l'attention du spectateur. Ils la ramènent, au contraire, vers le sujet du tableau.

La Vierge et l'enfant sont placés au centre mathématique de la composition, mais ce groupe forme aussi le centre optique et surtout le centre de gravité du tableau. Quelle dignité simple et quelle noblesse dans le drapé de ce voile bleu s'ouvrant sur un corsage presque du même bleu et sur lequel retombent les boucles blondes des cheveux qui encadrent le cou virginal, la naissance de la poitrine et le visage un peu penché!

Ce visage s'apparente à celui des vierges qu'on a coutume d'appeler « flamandes », celles de Van Eyck, de Memling, et de Gérard David, mais elle est d'un accent personnel et, tout idéalisée qu'elle soit, on devine qu'elle a été faite d'après le réel. Il y a eu un modèle vivant. On le sent. Mais l'esprit et le cœur de l'artiste, sans s'affranchir tout à fait de la réalité, ont usé librement des éléments que leur offrait la nature pour exprimer un sentiment d'amour surélevé, un élan vers l'idéal, vers l'infini, vers la beauté fine et tendre, la délicatesse extrême, la bonté suprême. Je ne connais guère de vierge qui soit plus belle ni plus touchante.

L'enfant est à peine moins émouvant. Il est nu, potelé, d'un dessin et d'un modelé charmants, d'une expression de visage très tendre, très ingénue et très attentive. Peu de « bambini » dans l'École flamande peuvent être comparés à celui-là pour la fraîcheur du nu et la grâce de l'expression.

Quant aux visages, on sent partout des portraits, mais libérés en grande partie de la servilité à l'égard des modèles. Chaque physionomie exprime un sentiment. Elle parle. Elle dit ce qu'elle a à dire. On la comprend. On cause avec elle. Et une sorte de dialogue tacite mais émouvant et intime s'élabore entre chaque personnage, le groupe divin qui attire à lui tous les cœurs, et le spectateur qui prend part à cette conversation muette.

D'un sentiment délicieux, d'une composition irréprochable, d'une richesse et d'un éclat imcomparables, ce tableau est encore des plus remarquables par la perfection de la technique et par la scrupuleuse conscience de l'artiste qui l'a peint. Comme on sent que cela est fait avec tendresse, avec amour, avec patience, avec une aisance heureuse et une liberté méticuleuse ! Le dessin est énergique, concis, serrant étroitement la réalité, et d'une élégance, d'une harmonie d'ensemble, d'une précision de détail déconcertantes.

On peut tracer mentalement, en n'importe quelle partie, un cercle idéal, emprisonnant une portion petite ou grande de l'ensemble et, que ce soit regardé de loin ou examiné à la loupe, qu'il s'agisse d'un bouton d'orfèvrerie ou d'un groupe tout entier, on trouve un fragment parfait, merveilleusement exécuté, solide, précis, et d'une séduction extrême.

C'est merveille que chaque étoffe soit traitée selon sa propre nature et paraisse d'une matière tout autre que la matière d'une autre étoffe placée auprès d'elle. La variété de cette technique infiniment souple donne tantôt l'impression juste du velours de Gênes (manteau du roi mage à genoux), tantôt d'une autre espèce de velours plus souple et plus léger, ici d'une troisième espèce de velours pelucheux (chapeau du même roi

L'Adoration des Mages.
Détail de la partie inférieure droite.
(*National Gallery, Londres*)

mage), ailleurs enfin la sensation précise du drap, l'impression nette de la soie. On pourrait distinguer l'une de l'autre les différentes espèces de draps. Il en est de même pour le linge, les fourrures, le cuir ou les tissus de toute espèce. Dans les architectures, la brique n'est pas de la même matière que le marbre, la pierre, ou les carreaux céramiques du pavé. Chaque chose est étudiée dans la vérité de son détail et l'ensemble est d'une unité parfaite.

Quant à la couleur, c'est un enchantement. Cela vit, chante, chatoie, cela brille et cela remue. Toutes les valeurs sont parfaitement justes. Chaque chose est à sa place. Tout est éclatant et rien n'est choquant. C'est un vaste et magnifique poème harmonieusement conçu, peint avec joie, d'une irrésistible virtuosité.

Personne, désormais, ne pourra parler de l'art wallon sans être allé voir ce tableau. Dans la radieuse école des Flandres — dont l'influence a été beaucoup plus grande qu'on ne l'a encore dit — c'est un des sommets de l'art. On peut le rapprocher, sans qu'il faiblisse, du prodigieux tableau d'autel de l'hospice de Beaune. Par l'entrée de ce chef-d'œuvre à la Galerie nationale, le nom de Mabuse a grandi tout à coup jusqu'à devenir l'égal des plus grands.

Peut-être le personnage de Saint Joseph fournirait-il l'occasion d'une critique. La tête est admirable de modelé, de couleur, d'énergie et de gravité, mais elle s'enfonce dans les épaules, sans qu'on devine pourquoi, et l'on cherche en vain à démêler dans l'expression de ce visage un sentiment qui concorde avec le reste du tableau. Est-ce une certaine tristesse ? une vague anxiété ? Est-ce tout simplement de la mauvaise humeur ? La magnificence grave de tout le tableau exclut toute idée d'ironie. De quel regard cependant interroge-t-il le ciel d'où viennent les groupes d'anges annonciateurs de joie ? Il est à noter que, dans les « Sainte Famille », le personnage de Saint Joseph a toujours gêné les artistes. La tradition, à son égard, n'a jamais été fixée avec certitude. Dans les « Adoration des Mages », les peintres lui ont attribué fréquemment une sorte de mauvaise humeur. D'autres en ont fait un simple assistant placé derrière ou à côté de la scène principale. D'autres lui ont penché la tête sur un livre, comme pour se débarrasser de l'ennui d'avoir à choisir entre telle ou telle expression. Ajoutons d'ailleurs que, dans le tableau de Mabuse, saint Joseph est revêtu d'une robe longue du rouge le plus magnifique.

*
* *

Ce tableau est le chef-d'œuvre de Jean Gossart. Il a une date à peu près certaine. Des tableaux qui portent sa signature, c'est le plus ancien et le plus caractéristique de sa première manière. Il est à la base de toute appréciation sur Jean Gossart et sur son œuvre. Par ses dimensions, le nombre des personnages (1), l'importance du décor et la qualité du sentiment, il offre un point de comparaison stable auquel il faut sans cesse se reporter quand on veut attribuer ou retirer à Mabuse des œuvres qui prêtent à la discussion. Examinons-le donc minutieusement.

(1) On peut compter 31 visages humains, dont quelques-uns, il est vrai, ne se découvrent que si on regarde attentivement. Un je ne sais quoi d'appliqué et de minutieux nous prouve que l'auteur a dû être un miniaturiste.

L'Adoration des Mages.
Détail de la partie inférieure gauche.
(National Gallery, Londres)

L'ITALIANISME

Que Mabuse soit ou non allé en Italie avant le 26 octobre 1508 constitue pour le moment une question insoluble.

Mais il n'est pas besoin que l'artiste soit allé en Italie pour qu'il ait eu sous les yeux des œuvres italiennes. La réputation des peintres italiens de la Renaissance avaient passé les Alpes bien avant 1508. Beaucoup d'amateurs d'art avaient rapporté d'Italie, dans les Flandres, des chefs-d'œuvre. M. Fierens-Gevaert cite le cas d'un Flamand : Buysleden qui, en 1503, avait rapporté à Malines « toute une collection d'œuvres italiennes ». La gravure avait popularisé les œuvres qui étaient demeurées en leur pays d'origine. Il suffit d'avoir feuilleté les livres qui ont étudié l'internationalisme pendant le moyen-âge et la Renaissance pour qu'on ne s'arrête pas un instant à l'idée qu'Anvers port de mer (1), cité commerciale, et centre, après Bruges, de l'école flamande de peinture, ait pu ignorer le prodigieux mouvement artistique qui, au delà des Alpes, se poursuivait triomphalement depuis Mantegna.

Au surplus, les œuvres les plus illustres des grands peintres flamands ne nous laissent plus ignorer que l'aspiration au renouvellement de la symbolique, du costume et de l'architecture,

(1) L'inscription de Gossart à la gilde de Saint-Luc d'Anvers est de 1505.

24

s'était manifesté dans les œuvres flamandes longtemps avant le séjour de Mabuse en Italie raconté par Gérard de Nimègue.

On a souvent cité les Madones et les guirlandes décoratives de Memling, les amorini et les décorations mantegnesques de Gérard David (1), les architectures d'Albert Bouts, les paysages bleuâtres empruntés aux Lombards et qu'on signale dès la fin du XVᵉ siècle, le portique brunelleschin et les types raphaellesques introduits par Quentin Metsys dans le prestigieux triptyque du Musée de Bruxelles : *La Légende de Sainte-Anne*, terminé en 1509. On n'a pas encore signalé, que je sache, dans la partie principale de ce même triptyque les deux personnages nus traités en grisaille et qui gesticulent à la manière italienne, assis de droite et de gauche sur les chapiteaux d'où s'élancent les courbes de la grande coupole. Il y a aussi des influences italiennes dans le grand triptyque d'Anvers : *L'Ensevelissement du Christ*, et l'on n'en finirait pas de citer des exemples.

Je tiens pour certain que l'éducation artistique de Mabuse ne fut pas exempte d'italianisme. Dans cette *Adoration des Mages*, maints détails nous le révèlent avec précision. Regardez, par exemple, la frise de putti et rinceaux en arabesque se prolongeant sur les deux faces du mur à l'angle de la muraille en briques au-dessus de la tête de la Vierge à hauteur de l'arcade en plein cintre qui se détache au centre du tableau sur le fond de ciel. Regardez encore sur le chapiteau (d'un gris-vert de tonalité froide), la décollation d'un saint à genoux par un bourreau nu dont la musculature un peu théâtrale trahit déjà la façon de sentir le nu des artistes de la Renaissance. La décoration de ce chapiteau s'écarte nettement du sentiment gothique.

Le caractère de l'architecture dans son ensemble est

(1) Cités aussi par FIERENS-GEVAERT dans *Les Primitifs flamands*.

Jésus au Jardin des Oliviers.
(Musée de Berlin)

de transition. J'y cherche vainement le sentiment gothique. Pleins cintres, colonnes de marbre et bases classiques, à l'une des fenêtres, à notre gauche, un double cintre qui rapproche du style roman les formes nouvelles de la Renaissance, au dessus de cette fenêtre un entablement de pierre purement classique et ce mélange même de briques et de pierres tout atteste l'évolution du goût.

Même les détails gothiques, par exemple l'ornement très sobre du chapiteau à notre gauche, ont perdu l'essentiel du style gothique, c'est-à-dire la pureté du sentiment. Dans le lointain de l'arrière-fond, les architectures d'apparence gothique, traitées en miniature, sont de sentiment Renaissance. On devine un désir d'assouplissement et de fantaisie. Cela est réinventé dans un esprit nouveau. Ce petit temple entouré d'arcades soutenues par des colonnettes est surmonté d'un campanile italien. La teinte bleuâtre de ce fond de paysage fait penser aux Lombards.

Dans les costumes, l'évolution n'est pas moins évidente. Est-ce un costume gothique celui de ce page qui porte l'extrémité du manteau de Balthasar ? Cette jupe à godrons est toscane, et la toquet rouge, les chausses, le pourpoint à grands carreaux, le col, la coiffure et l'attitude elle-même font penser aux pays toscans.

On a maintes fois signalé les analogies de composition entre cette « adoration des mages » et les innombrables exemplaires plus ou moins modifiés de l'adoration des Mages dont l'original se trouve au Musée de Munich portant la signature Blès. On ne connait aucun autre tableau et on ne sait rien de ce peintre qu'on a appelé pseudo-Blès pour la commodité du langage et afin de le distinguer d'Henri met de Blès dont on connaît quantité de tableaux, et qu'il est impossible de confondre avec son homonyme qui appartient manifestement à une époque antérieure.

Le style des orfèvreries, si nombreuses et si éclatantes, quand on l'examine de près, est d'un gothique flamboyant tout imprégné de l'esprit de la Renaissance. Le sentiment gothique s'est évanoui. L'épée orfévrie que porte, à notre droite, le page bleu a été ciselée pour un Médicis. Le couvercle du calice aux pièces d'or est renaissant.

Par maints et maints détails par conséquent se trahit l'évolution des idées. Et, cependant, l'ensemble est gothique. La façon de concevoir le tableau, la verticalité des figures et du décor, la disposition des groupes, l'éclatante sobriété de la couleur, la gravité du sentiment des personnages, la piété vraie, communicative, des expressions de physionomie, enfin et par dessus tout un je ne sais quoi de mystique et de simplement émouvant donne à cette œuvre un caractère qui s'affilie étroitement aux œuvres du XVme siècle flamand. La vierge est du type de Gérard David. On peut la rapprocher par la pensée de la vierge peinte sur le volet extérieur du grand retable dit de Jean des Trompes par Gérard David au Musée communal de Bruges. Maintes particularités et notamment techniques font de cette vierge ure œuvre très personnelle. Cependant la disposition des plis de la robe fait penser au maître de Flémalle. L'attitude, l'ampleur du front, l'ovale du visage, le nez, les yeux, la bouche, les cheveux retombant en boucles sur l'épaule droite, la coiffe et les mains s'inspirent de Gérard David. L'enfant est du type inventé par Van Eyck. Il est plus joli et plus aimable que l'enfant de la « *Madone du Chanoine Van der Paelen* » au musée communal de Bruges, et il paraît avoir été étudié à travers les bambini de Memling. Cependant la filiation à Van Eyck me paraît indéniable. A maintes reprises nous aurons à signaler le rapprochement qui s'impose entre l'œuvre de Gossart et celle de Jean Van Eyck. Dès maintenant, la filiation de ce disciple à ces maîtres s'impose à nos yeux avec évidence.

Au cours de sa carrière, Mabuse a subi maintes influences

Jésus entre la Vierge et Saint Jean-Baptiste.
(Musée du Prado, Madrid)

et nous les signalerons à mesure qu'elles nous apparaîtront dans les tableaux qui sont certainement de sa main. Dans cette *Adoration des Mages*, œuvre capitale, l'influence éducatrice de Gérard David et celle de Van Eyck se révèlent sans doute possible.

Les personnages de cette adoration sont manifestement des portraits. Particularités physionomiques, asymétries caractéristiques, détails saisis sur la vie (par exemple la petite excroissance de chair, le « *poreau* » sur la joue gauche du Mage qui est à genoux), tout nous donne le sentiment vif et puissant de la réalité objective. Rien de conventionnel. Mabuse a fait poser devant lui des personnages vivants. Il s'est soumis à copier fidèlement la réalité. Comme il n'existe à notre connaissance que deux portraits signés par Mabuse, celui de Carondelet et celui du Bénédictin, tous deux au Louvre, nous aurons à nous reporter souvent aux portraits qui font partie des tableaux à sujets et notamment à ceux de cette *Adoration des Mages*. Nous nous reporterons aussi à ce point de comparaison pour certains détails d'attitude, de costume ou de couleur affectionnés par Mabuse.

M. Jules Destrée qui a rédigé, avec beaucoup d'érudition et avec goût, le catalogue de l'importante collection Mayer den Bergh à Anvers, a signalé une ressemblance curieuse entre le personnage barbu de cette *Adoration des Mages* et un autre personnage barbu d'un petit triptyque de cette collection et qui représente le même sujet. Il a rapproché ensuite ces deux personnages du prétendu portrait de Christian IX qui est conservé au Musée de Copenhague. Cette ressemblance existe. Cependant, il m'a semblé que le petit triptyque de la collection Van den Bergh n'avait aucun titre à être attribué à Gossart. Ni le roi maure, ni le mage rouge, ni la vierge à l'enfant (qui manque singulièrement de liberté d'exécution) ni même ce personnage barbu en chausses rouges et petite jupe rose avec un manteau sombre où l'on sent des violets, ne rappellent la facture de Gossart.

LE CHRIST AUX OLIVIERS
LE TRIPTYQUE MALVAGNA

Pendant la période qui précéda le voyage d'Italie semblent avoir été peints *Le Christ aux Oliviers* du Musée de Berlin et le très délicieux petit triptyque du Musée de Palerme.

Le Christ aux Oliviers représente, dans une lumière nocturne, le Christ à genoux, les mains jointes, la tête relevée et priant au pied d'un tertre, tandis qu'à travers le ciel (qui occupe le tiers du tableau) un ange aux ailes déployées s'approche pour le conforter et qu'un groupe de ses disciples, deux à notre gauche, un à notre droite, placés au premier plan et presque au bord du cadre, l'attendent en dormant. On distingue dans le fond le groupe de soldats qui s'approchent, et, à l'arrière-plan, des architectures ogival-flamboyant de fantaisie du même caractère que celles de l'arrière-plan dans l'*Adoration des Mages*. Des arbres en bouquets, des Mages et de la verdure sur le sol complètent la composition.

Les analogies de style sont-elles assez nettes pour que l'attribution proposée par le Dr Weisz soit maintenue? M. Weisz a noté la ressemblance entre le saint Pierre de ce tableau et le saint Joseph de l'*Adoration*. Elle est frappante. D'autres analogies, bien que moins évidentes, sont aussi très persuasives.

L'influence lombarde n'est pas étrangère à ce tableau, et ce serait une particularité dans l'œuvre de Mabuse dont nous ne connaissons presque aucun paysage que ce grand ciel orageux, pénétré des rayons diffus de la lune, exécuté avec amour et pour sa beauté propre, tel qu'en ont exécuté, dès qu'ils ont pris conscience de leurs qualités propres, les peintres de Hollande, notamment Ouwater et De Geertgen, dont il existe à Berlin un saint Jean-Baptiste. Dans cet éclairage, les jeux d'ombre et de lumière jouent un rôle très important. Un je ne sais quoi fait penser aux tableaux du Sodoma.

*
* *

Le triptyque de Palerme, appelé *Malvagna* parce qu'il a été offert au Musée par le prince de ce nom, est un des chefs-d'œuvre les plus radieux de l'art flamand. Il représente dans la partie centrale la Vierge, en rouge, assise sur une banquette sculptée comme un trône. Sur le genou gauche, elle porte l'enfant Jésus qu'elle soutient de la main gauche sous l'épaule gauche et dont elle tient dans sa main droite les deux pieds. L'enfant regarde le spectateur. La mère a les yeux baissés. A leur droite, trois angelets nus chantent en jouant de la mandoline. A leur gauche, deux autres angelets nus chantent ou jouent de la flûte. Tous les cinq ont des ailes multicolores. Ces personnages sont entourés d'un baldaquin de bois sculpté et doré en forme de stalle d'un gothique flamboyant, et dont l'architecture est d'une fantaisie et d'une invention charmantes. Ce baldaquin est percé de trois ouvertures qui donnent sur des paysages. Derrière la Vierge, on aperçoit une colline parsemée de petits arbres ronds et une construction dont les arcades, surmontées d'une balustrade gothique, ont déjà la souplesse et l'élégance des constructions de la Renaissance italienne. L'échappée de droite nous montre un jardin, de la verdure, des arbres et une petite colline lointaine.

La Vierge et l'Enfant.
Triptyque.
(Museo Nazionale, Palerme)

On distingue un personnage debout et qui regarde de loin la scène que nous contemplons au premier plan. A notre gauche, la troisième ouverture nous montre une maison à pignons comme il en existait beaucoup au XVIe siècle, dans les pays wallon et flamand, et comme il s'en trouve si souvent dans les tableaux de Patinir ou de Henri met de Blès. Une fontaine de marbre sculpté du style de transition, un personnage qui traverse une place publique et maints détails citadins donnent à ce paysage de petite ville un caractère touchant, précis et juste.

Sur le volet, à notre gauche, sainte Catherine, assise, en beau vêtement bleu que recouvre un magnifique manteau blanc aux reflets bleus tient à l'extrémité des doigts l'anneau du mariage mystique. A ses pieds, une épée et une roue brisée. Un ange feuillette un livre posé sur ses genoux. A notre droite, on reconnaît sainte Élisabeth ou sainte Dorothée, en vêtement vert-orange, parce qu'elle attache des roses à une couronne. Un angelet rouge lui présente une fleur. Le baldaquin en bois sculpté leur continue son encadrement somptueux et derrière chacune d'elles se retrouve un charmant paysage, soit avec un ruisseau, un pont, des maisons rustiques, soit avec de grandes fontaines de marbre et un château-fort sur un sommet.

Le sentiment pictural de tout ce tableau est d'une délicatesse et d'une richesse extrêmes. Le coloris est sobre, puissant, extraordinairement riche et chatoyant. C'est une merveille d'art précieux mais non dénué de force ni de grandeur. On songe invinciblement en le regardant à ces grandes miniatures du bréviaire Grimani, qui passent pour avoir été exécutées dans l'atelier de Gérard David et dont l'une porte la signature Gosart.

Dans le tableau incontesté de l'*Adoration des Mages*, nous avions remarqué aussi un je ne sais quoi qui incline à penser que le peintre de ce grand tableau a pu et a dû être un enlumineur de missel. Cette précision, ce goût du détail exact, cette exécution minutieuse et savante sont d'un miniaturiste.

Cependant le sens de la grandeur et l'intimité profonde du sentiment écartent toute idée d'un art trop joli. Cela est fin et tendre, mais aussi ardent et grave. La Vierge du triptyque Malvagna est la sœur de la Vierge de l'*Adoration des Mages*. Le visage et toutes les caractéristiques que nous avons notées, le voile posé sur les cheveux, la façon de draper la robe, la facture, et cette « verticalité » qui constitue l'un des caractères les plus nets des deux compositions, tout enfin impose l'opinion que les deux œuvres sont issues du même pinceau et du même état d'esprit. L'artiste qui les a exécutées était tout imprégné de l'esprit de Gérard David. Il avait aimé Memling. Il avait admiré les Van Eyck et il avait profité de leurs leçons. Pour la Vierge et l'Enfant, nous ne constatons aucune influence italienne.

Certains détails se révèlent cependant et nous renseignent sur la culture, la formation artistique, et le développement technique du peintre. Ces anges musiciens ont été inspirés par les Vénitiens — peut-être par Bellini. M. Weisz a noté un rapprochement entre le petit mandoliniste de gauche et l'un des angelets de la *Madone de Recanati*, par Lorenzo Lotto, qui est datée de 1508. Ce rapprochement peut servir à fixer la date. A notre avis, le triptyque Malvagna est un peu postérieur à l'*Adoration des Mages*. L'esprit gothique encore très sensible dans l'*Adoration* se localise dans le triptyque Malvagna presque uniquement sur le sujet principal : la Vierge et l'Enfant. Si le reste du tableau avait été détruit, on aurait pu le dater des dernières années du XVe siècle. Tout le reste est profondément imprégné de l'esprit du siècle, c'est-à-dire du commencement du XVIe siècle : sainte Dorothée et sainte Catherine sont nettement de cette époque. Une certaine gravité de sentiment les rattache à l'époque antérieure, mais leur costume et surtout leur façon d'être séduisante les rapprochent de leurs sœurs de la Renaissance.

La Vierge et l'Enfant.
Panneau central du triptyque.
(*Museo Nazionale, Palerme*)

Peut-être le baldaquin flamboyant et les paysages procèdent-ils aussi de l'esprit gothique plutôt que de la Renaissance, mais la parenté de ce paysage avec ceux de l'*Adoration des Mages* est sensible pour les moins prévenus. Ce ne sont que des ressemblances superficielles de sujet et de disposition architecturales, ce ne sont pas des analogies profondes et concernant l'essence même de l'idée picturale et de son exécution qui ont pu conduire à une identification de l'auteur du triptyque Malvagna avec l'auteur de *La Parenté de la Vierge*, au Musée de Bruxelles (1). Dans l'œuvre de Corneille Van Coninxloo, le sujet même du tableau, l'idée picturale d'où il est sorti, est tout autre. La Vierge de *La Parenté* ne peut se comparer que de très loin à celle du triptyque Malvagna. Il suffit, au contraire, de rapprocher celle-ci de celle de l'*Adoration des Mages* pour sentir une parfaite identité de sentiment, de facture et de signification symbolique. En admettant que l'*Adoration* ait été peinte autour de 1500, les quelques années qui sépareraient l'exécution de cette œuvre de celle du triptyque Malvagna expliqueraient parfaitement les différences qui distinguent l'un de l'autre ces tableaux. Le triptyque de Palerme marque une étape dans l'évolution rapide qui allait faire du peintre gothique un Renaissant et un Italianisant.

A l'époque où il est vraisemblable qu'il reçut commande de ce tableau on imagine très bien l'état d'esprit de ce peintre wallon. Il avait été élevé dans la tradition gothique et il avait le désir de faire preuve d'originalité. Van Eyck et Gérard David avaient été ses maîtres et pour ainsi dire ses directeurs de conscience. Il n'est pas nécessaire qu'un artiste ait connu personnellement un autre peintre pour qu'il soit légitime de le considérer comme son disciple. Il avait recueilli de l'étude de leurs chefs-d'œuvre les fortes leçons qui décident des traits principaux dans

(1) *Les Primitifs flamands*, par FIERENS-GEVAERT.

la formation d'un caractère. Le respect de son art, c'est-à-dire la sincérité devant le modèle, le besoin de précision, la gravité du sentiment, une préoccupation constante de la belle matière inaltérable et de la bonne technique qui s'assure d'avance la collaboration du temps, le désir de peindre avec netteté, avec force et avec éclat, voilà les qualités que lui avaient valu l'enseignement de ces maîtres. Mais Mabuse était un Wallon, c'est-à-dire un esprit curieux de nouveauté, désireux de culture, ami du changement, passionné pour comprendre la psychologie et les œuvres des autres, séduit d'avance par ce qui apparaît comme nouveau, doué comme presque tous ses compatriotes d'une grande faculté d'assimilation et, en même temps, par nature, ingénieux, gai, souriant, et amoureux de la vie. Dans le caractère de Jean Gossart, l'intelligence et la volonté n'étouffèrent jamais le tempérament qui était vif, primesautier et amoureux du succès.

Dans l'austère école flamande à laquelle il était bien naturel qu'il fût venu s'affilier, il avait compris tout de suite que les Van Eyck étaient les grands inventeurs, les Maîtres inégalables, les Fondateurs de la tradition. Il les copia, il les étudia, il s'en assimila, autant qu'il lui fut possible, l'esprit et la manière. Au musée de Madrid, se trouve une copie libre de Van Eyck qu'il y a tout lieu de croire de la main de Gossart.

S'il emprunta davantage de Gérard David, c'est parce qu'il retrouvait dans les œuvres de ce maître, avec des qualités de force, de puissance et de sobriété qu'il tenait des Van Eyck, quelque chose de plus aimable qui répondait aux aspirations de son propre tempérament. Il est à nos yeux hors de doute que Gossart subit aussi, avec un extrême plaisir, la séduction de Memling dont la suavité parfois un peu facile était de nature à l'enchanter comme elle nous enchante nous-mêmes.

Dès qu'il connut, par de beaux exemplaires, les œuvres italiennes, Mabuse sentit quel enrichissement propre à son tempérament il en pouvait recueillir. Sans doute connut-il par les œuvres de Quentin Metsys la volupté enivrante de la couleur pour la couleur, mais il y a dans le triptyque de la *Mort de Sainte Anne* et dans celui d'Anvers *L'Ensevelissement du Christ* une sorte de lyrisme visuel que son esprit pondéré de Français ami de la mesure n'aurait jamais pu s'assimiler. Gossart semble l'avoir compris. Bellini, Lotto et leurs émules étaient plus proches de son tempérament. Gossart avait besoin de grâce.

Dans le chef-d'œuvre de Palerme, je crois sentir toutes ces influences et aussi un je ne sais quoi de joyeux et de juvénile qui assimile, vivifie, transforme, renouvelle et transfigure tout.

LES VOLETS EXTÉRIEURS

Ils fournissent une preuve de plus aux critiques qui font honneur à Mabuse de ce magnifique tableau. Sur le volet à notre gauche, Adam et Ève nus sont debout, se détachant sur des verdures, à côté de l'arbre qui occupe la moitié du volet à notre droite, tandis qu'un rocher occupe la seconde moitié du même volet. Entre ces deux masses du premier plan, une échappée s'ouvre sur un ravin, une colline boisée et un joli ciel. A l'arrière plan du volet à notre gauche, on distingue une architecture de de transition mais plutôt Renaissance, de très petits personnages et un beau ciel qui établit entre les deux volets, autant que la puissante et sobre harmonie de couleurs, la plus parfaite unité.

Notons d'abord la ressemblance frappante entre le modèle qui a posé pour l'Adam et celui qui a posé pour l'Hercule du tableau « *Hercule et Déjanire* » de la collection Cook à Londres. C'est la même pose, presque entièrement de profil, les mêmes cheveux bouclés, la même barbe clair-semée et la même maigre moustache laissant apercevoir tous les modelés du bas du visage. C'est le même nez, un peu long et fortement busqué au départ des sourcils, la même arcade sourcilière, les mêmes yeux et le même regard. Ce sont les mêmes pommettes dans la même lumière. A mes yeux, il est certain que c'est le même modèle qui a été peint par le même artiste. Or, le tableau de la collection Cook est signé et daté de 1517. Les traits plus accusés du tableau de la collection Cook laissent supposer que le modèle pouvait avoir, en 1517, cinq ou six années de plus. Cette indication suffirait pour reculer, d'autant, la date du tableau de Palerme, malgré que l'évaluation de l'âge d'un modèle soit sujette à maintes controverses et qu'il soit fréquent qu'un peintre qui se sert d'études anciennes et qui a une mémoire visuelle très sûre, s'obstine à peindre plus jeune, tel qu'il l'a vu autrefois, un modèle qu'il a connu dans tout l'éclat de sa jeunesse et qui continue à poser devant lui. La date de 1510 nous paraît vraisemblable. L'argument de ressemblance entre cet Adam et cet Hercule est plus décisif que l'argument de ressemblance entre la Vierge du tableau de Palerme et celle de l'*Adoration des Mages*, parce que ces deux Vierges empruntent beaucoup au type idéal créé par Gérard David. Beaucoup de peintres ont puisé à la même source. Au contraire, l'homme qui a posé pour l'Adam et pour l'Hercule, est, à n'en pas douter, un contemporain que le peintre a connu personnellement, un homme vivant, peut-être un modèle professionnel et dont on n'a retrouvé l'image nulle part ailleurs que dans les tableaux de Mabuse.

L'attitude et le style de cet Adam et Ève évoquent invinciblement, dans notre esprit, le souvenir de l'Adam et Ève nus (1) du retable de l'agneau. C'est Van Eyck qui a créé le type général de ces personnages nus. Cependant les particularités individuelles écartent toute idée d'imitation littérale. L'homme barbu de Mabuse n'a pas été peint d'après l'homme barbu de Van Eyck. Ils ne se ressemblent pas. Les deux Ève n'ont de commun qu'une certaine dignité dont Van Eyck avait donné le

---

(1) Aujourd'hui au Musée de Bruxelles.

La Vierge et l'Enfant.
Volets du triptyque.
(Museo Nazionale, Palerme)

modèle. Quant aux différences de style, elles sont manifestes. Les personnages de Van Eyck sont graves, austères, dogmatiques, tout proches de la conception de l'homme et de la femme primitifs que nous suggère la Bible. Il y a, au contraire, dans Mabuse un désir de tendresse, d'élégance et une grâce persuasive qui font penser aux Italiens. C'est une toute autre interprétation de l'homme et de la femme qui, en dépouillant leurs vêtements, sont redevenus semblables à ceux que nous nous plaisons à imaginer dans le paradis terrestre. Adam enlace sa compagne en passant le bras autour du cou et en laissant pendre sa main sur la poitrine. Eve enlace aussi l'épaule d'Adam et l'extrémité de sa main droite apparaît sur l'épaule droite de son compagnon. Etreinte infiniment chaste, tendresse réciproque, confiance et amour mutuels! Adam élève l'autre bras et saisit l'un des fruits tentateurs que tous deux regardent sans inquiétude ni anxiété. Le dessin est magnifique et simple. La couleur est sobre et ardente. Les modelés sont justes et d'une souplesse puissante. On éprouve une impression de vérité, de consistance et de réalisme de bon aloi. Le paysage est traité comme un fond. On lui a reproché des fautes de perspective. Il existe, a-t-on dit, une contradiction entre le premier plan où les personnages sont si grands et l'arrière plan où tout est petit. Le lion et le cerf, notamment, sont hors d'échelle avec les personnages nus.

Ce reproche, me semble-t-il, révèle une méconnaissance du parti-pris choisi par l'artiste et dont il était le seul juge. Mabuse n'a pas eu l'intention d'exécuter un paysage où chaque chose serait exactement à sa place comme dans la nature. Il a peint deux personnages principaux et il leur a donné ensuite un fond de paysage comme les miniaturistes, ses prédécesseurs, aimaient à en donner à leurs personnages. C'est un parti-pris décoratif et que j'ose trouver excellent. Le paysage, dans ces volets, joue le rôle d'un encadrement sur une page de missel, d'une bordure dans une tapisserie ou d'une remarque sur une gravure. C'est de ce point de vue-là qu'il faut le juger et non pas du point de vue paysage animé par des figures. Quand Patinir, qui est surtout un paysagiste, place dans ses tableaux des figures qui ne sont pas à l'échelle, on sent qu'il aurait voulu qu'elles fussent en proportion avec le reste. On peut donc lui faire reproche de son inhabileté. Son saint Christophe, par exemple, au Musée de Madrid, est hors de proportion avec le paysage dans lequel il se trouve et l'on sent que l'artiste aurait préféré que, tout en gardant la place d'honneur, il n'empiétât point à l'excès sur le reste du tableau. Mais le parti-pris est tout autre dans les tableaux de Mabuse. Il n'a pas voulu que ses figures fussent à l'échelle. Il ne l'a pas désiré. Et c'est une autre question que de se demander s'il aurait su le faire dans le cas où il aurait voulu s'y essayer. Il est fréquent que les paysagistes ne sachent pas fondre leurs figures dans leurs paysages et, réciproquement, que des peintres de figures ne sachent pas mettre leurs paysages en accord avec leurs figures. Aucun tableau de Mabuse ne nous permet de penser qu'il s'est essayé à résoudre cette difficulté. C'est un peintre de figures et qui ne semble pas s'être jamais risqué à faire du paysage proprement dit. Quant à l'inaptitude à établir des perspectives donnant l'illusion des divers plans se prolongeant dans l'espace, nous l'examinerons à propos d'autres tableaux. Dans le cas présent, la question ne se pose pas.

Observons d'ailleurs que le « parti-pris décoratif », pour les paysages, a été celui des devanciers les plus illustres de Mabuse et qu'on pourrait faire le même reproche à Gérard David pour la partie centrale du grand retable de Jean des Trompes (1). Les trois figures du premier plan sont à l'évidence hors d'échelle avec le paysage et les figures des autres plans.

M. Weisz a noté une ressemblance entre l'Adam et Eve de *la Petite Passion*, gravure sur bois d'Albert Dürer et les person-

---

(1) Musée Communal de Bruges.

La Vierge et l'Enfant.
Detail du panneau central du triptyque.
(Museo Nazionale, Palerme)

nages de Mabuse. Un dessin de Dürer, daté de 1510, offre aussi des points de comparaison. Plusieurs des tableaux que nous rendons à Mabuse ont été, à un moment donné, attribués à Dürer et à Holbein. Le point de vue « peintre » est un des critériums, à nos yeux les plus caractéristiques.

Retenons cependant cette façon de concevoir le paysage décoratif comme l'une des particularités de Mabuse. Nous le retrouverons en plusieurs de ses tableaux importants et, notamment, dans l'*Adam et Eve* de Hampton-Court.

Du point de vue technique, on retrouve les qualités de facture, les particularités d'exécution que nous aurons l'occasion de signaler avec plus de précision quand nous procéderons par comparaison à l'élimination de certains tableaux. Cela est vu par un peintre. L'auteur de ce tableau a le sentiment de la belle matière. L'artiste étend la matière colorante, l'amincit et y retourne le pinceau avec une sorte de sensualité très spéciale. Rien de linéaire comme dans la peinture d'Albert Dürer qui ne s'est jamais départi de ses habitudes de graveur, c'est-à-dire de la recherche de la ligne expressive et de l'amour du trait caractéristique. Il y a de l'enveloppe atmosphérique et des délicatesses de tons, qui nous révèlent un homme sensible à toutes les nuances et capable de s'exprimer par des rapports de tons, indépendamment du sujet.

Ajoutons que l'on peut considérer ce tableau comme signé. Aux pieds de la Vierge se trouve une inscription en grande partie recouverte par le manteau et les deux anges-musiciens. Elle suit une cannelure. On distingue assez nettement ENNIN. Plus loin, et à droite, on reconnaît GOA. Comment ne pas lire avec une quasi-certitude Jennin Gossart, nom et prénom de notre peintre?

Cette preuve s'ajoute aux autres que nous tenons pour plus importantes encore.

Nous avons donc le droit de tenir désormais pour certain que Mabuse dès avant 1515 — date traditionnelle du tableau de

Prague — était l'auteur d'au moins deux chefs-d'œuvre de premier rang, qui suffiraient à lui assurer une place éminente dans l'histoire de l'art. Le peintre de l'*Adoration des Mages* et du triptyque de Palerme n'occupe pas, dans l'admiration des connaisseurs ni du public, le rang qui devrait lui être assigné.

Après les trois noms prestigieux : Van Eyck, Gérard David et Memling, on devrait citer tout de suite Quentin Metsys et Mabuse, au même rang que l'auteur du retable de Beaune et de la *Descente de croix* de l'Escurial : le très pathétique et très grand Roger de la Pasture. La critique a longtemps méconnu ces deux grands Wallons. Ils avaient le tort — bien involontaire — de n'être pas représentés dans les musées illustres. L'entrée à la National Gallery de l'*Adoration des Mages*, et au Louvre, du triptyque de Roger de la Pasture récemment acquis, a commencé une œuvre de réparation qui est loin d'être à son terme. Que serait la réputation de Roger de la Pasture si le retable de Beaune était au Louvre avec un cartouche portant son nom ?

SAINT LUC
PEIGNANT LA SAINTE VIERGE

Dans le tableau de la cathédrale de Prague se révèle avec éclat la personnalité de Mabuse, ce qu'il y a en lui d'essentiel.

La date traditionnelle est 1515. Elle est si vraisemblable qu'on peut la tenir pour certaine. Aucune des observations que suggère cette œuvre n'est en contradiction avec elle. Si on l'adopte, cette date contribue à nous donner une idée parfaitement nette et logique de l'évolution morale et artistique de Jean Gossart

Le tableau est signé Gossart sur la ceinture de saint Luc. L'attribution ne soulève aucun doute. Il a été peint pour le maître-autel de la Gilde de saint Rombaut à Malines. Il a été transporté à Prague en 1580.

Devant ce tableau nous nous trouvons manifestement en face d'une production de la Renaissance. Le décor architectural joue, dans la composition, un rôle capital, aussi important que les groupes de personnages qui se voient les uns au premier plan et l'autre à l'arrière-plan.

Ce décor représente l'intérieur d'un édifice. Le sol est recouvert de larges dalles. Des murs bas supportent des colonnes à chapiteaux classiques dont l'entablement soutient des arcades qui forment une sorte de portique dont le plafond à caissons est en plein cintre et qui conduit le regard jusqu'au fond du tableau. On distingue, à l'arrière-plan et à notre gauche, sous une arcade à la fois Renaissance et gothique, un petit saint Luc assis et penché sur son pupitre, tandis que la Vierge, son Enfant dans les bras, se tient debout et à sa gauche. On voit devant cette arcade et un peu à notre droite, une fontaine d'un gothique flamboyant déjà pénétrée de l'esprit de la Renaissance. On aperçoit enfin, derrière cette fontaine, un escalier aérien à balustrade gothique, supporté par des arcades surbaissées et des colonnes, une maison à pignon, flanquée à ses angles de tourelles gothiques, une grosse tour d'un Moyen-Age-Renaissance dont on ne voit que le sommet, et, enfin, un beau ciel. Ces architectures flamboyantes s'apparentent de très près à celles du tableau de Palerme. Si l'authenticité de l'attribution du triptyque Malvagna ne paraissait définitivement réglée, j'aurais énuméré les détails concordants que plusieurs ont notés avec une heureuse patience.

Au premier plan et à notre gauche la Vierge est assise, tenant sur son genou droit l'Enfant qui tend la main vers l'objet que sa Mère lui présente. En face d'Elle et à notre droite, saint Luc est assis, le crayon à la main, et tenant sur ses genoux le papier sur lequel il dessine. Il contemple son divin modèle. Son visage exprime l'attention et l'admiration. Peut-être peut-on reconnaître dans ce visage quelque ressemblance avec le visage de Carondelet dont Mabuse fut l'ami et dont il fit au moins trois portraits.

Singulier et savoureux mélange que le mélange des styles aux époques de transition ! L'impression qu'il nous cause peut se comparer au plaisir étrange que nous goûtons devant les œuvres dites « de décadence ». Il semble que, l'essentiel ayant été dit dans la plus parfaite simplicité par leurs prédécesseurs immédiats, les artistes, à certaines époques, s'assimilent plusieurs

Saint Luc peignant la Vierge.
(Musée Rudolfinum, Prague)

personnalités qui s'enrichissent l'une l'autre. Eclectisme, cosmopolitisme, désir de haute culture, curiosité inlassable, plaisir de comprendre les idées ou les sentiments de ceux qui leur sont le plus étrangers, audaces intellectuelles, admirations enthousiastes et parfois irraisonnées pour tout ce qui leur paraît nouveau, entraînement révolutionnaire, joie de se sentir peu à peu devenir tout à fait autres, ambition de renouveler les motifs traditionnels et de se composer une âme complexe, moins autochtone que celle de leurs devanciers mais plus riche, plus souple, plus élégante et plus variée, c'est de tout cela que se compose l'évolution du caractère chez les Wallons du XVIᵉ siècle.

Les vrais Flamands ne devaient suivre qu'avec lenteur — osons dire avec une certaine lourdeur — le mouvement des idées. Ils se trouvèrent bientôt désorientés. Du groupe des grands Fondateurs au XVᵉ siècle jusqu'à l'avènement de Rubens au XVIIᵉ, leur école alla s'épuisant. Aucun d'entre eux n'eut assez de foree pour renouveler la tradition. Les Wallons sont d'intelligence plus souple. A l'école d'Anvers, Gossart était allé acquérir les qualités essentielles de gravité, de persévérance, de grandeur puissante et simple, mais il était doué pour s'assimiler avec aisance les idées révolutionnaires venues d'au-delà des Alpes. Ces idées n'étaient pas étrangères à son tempérament national. C'étaient des idées latines. Elles s'accordaient avec son tempérament latin.

On comprend que la résistance à ces nouveautés ait été pendant longtemps à peu près irréductible pour des artistes d'origine et de culture germaniques. Van Eyck, de race et de tempérament germanique, se trouva tout de suite en accord avec les flamands de Bruges ou de Gand. Maeseyck, où l'on croit qu'il est né, est situé aux confins du territoire belge, en pays de langue flamande. On le comprit et on l'aima sans résistance. Sa conception même de l'art de peindre répondait aux aspirations les plus profondes du tempérament national. Sa piété, sa gravité, son austérité, sa puissance parfois un peu lourde, le caractère statique et méditatif de ses personnages répondaient à des caractéristiques foncières de l'âme flamande.

Mais Jean Gossart n'était qu'un Flamand d'adoption. Il était Wallon, c'est-à-dire de tempérament français. Il avait besoin de comprendre et d'expliquer. Il avait le goût de la nouveauté. Il aimait d'instinct que l'œuvre d'art fût agréable.

A mesure que sa personnalité l'emportera sur l'éducation, il évoluera vers un idéal très opposé à celui des Flamands de son époque. L'invention de personnages gracieux et la recherche du mouvement, le goût de l'imprévu, le désir du succès l'entraîneront même pour obtenir « l'effet » jusqu'à un je ne sais quoi de théâtral et par conséquent de factice.

Mais deux freins — à toutes les périodes de sa carrière — l'empêcheront de tomber dans l'excès d'italianisme : son éducation flamande, si sérieuse, et son tempérament français, ami de la mesure.

Si nous ajoutons enfin que, même dans ses tableaux discutables, il demeurera un Français du Nord, c'est-à-dire un coloriste et un observateur, nous aurons tracé d'avance les limites d'une évolution qui ne dépasse que rarement les limites du bon goût.

Le tableau de Prague nous fait connaître l'un des stades de cette évolution. Les artistes italiens commençaient à renouveler l'architecture européenne et ils développaient peu à peu, jusqu'à une perfection qui n'a jamais été dépassée, le sens de la perspective.

Mabuse, pendant son voyage en Italie, étudia, nous le savons par Gérard de Nimègue, ces architectures, et il réussit à deviner le secret des combinaisons de lignes qui prolongent jusqu'à l'infini la profondeur des tableaux. Qu'on imagine pour certains esprits l'attrait de cette nouveauté prodigieuse : se jouer de la troisième dimension, crever le mur en y accrochant son tableau, et donner au spectateur l'illusion de la profondeur !

Le tableau de Prague est italien par les formes architec- ✗
turales et par de très nombreux détails d'ornementation. On y
retrouve les bas-reliefs, les pilastres, les bossages, les caissons. On
y remarque, à l'angle d'une corniche, un prophète qui ressemble
à un Hercule nu. On y reconnaît même cet « enfant à l'oie »,
œuvre antique qu'on venait de découvrir avec tant d'autres chefs-
d'œuvre et qui fait aujourd'hui partie des collections du Vatican.
L'idée même du tableau : établir avec précision des personnages
dans un vaste effet de perspective était empruntée aux Italiens.
De nos jours les peintres s'en rapportent à des spécialistes pour
mettre « en perspective » leur grandes compositions. Un grand
décorateur disait un jour devant moi : « Il n'y a plus, en Europe,
un seul peintre qui saurait mettre au point *Les Noces de Cana.* »

On imagine quelles études a exigé le tableau de Prague et
quelle facilité d'assimilation il suppose. Que l'on compare cette
succession logique et précise de divers plans qui se succèdent
à la perspective relativement élémentaire de l'*Adoration des
Mages* et l'on sentira quelle révolution s'était faite dans l'esprit
de Jean Gossart.

A partir du tableau de Prague c'en est fini de l'esprit
gothique. L'esprit du siècle a conquis l'artiste. Il faut cependant
faire exception pour le *Saint Donatien* de Tournai, si l'on admet
qu'il a été peint vers 1527, en même temps que le *Carondelet* de
Vienne, qui forme l'autre volet du triptyque.

Et cependant l'éducation flamande avait marqué sur Gossart une empreinte si profonde que, même dans l'enivrement d'un
art nouveau et d'une science nouvelle, la conception des personnages pendant longtemps ne se sépara point, dans son esprit, de
la tradition gothique. Par son attitude, par son vêtement, par
les plis minutieux et symétriques de sa robe étendue sur le
dallage, la Vierge de Prague est presque purement gothique.
A travers Gérard David et Simon Marmion, cette façon de draper
remonte jusqu'au maître de Flémalle et jusqu'à Van Eyck.

Le visage de la Vierge, il est vrai, l'Enfant potelé qui ressemble à un jeune Héraclès et surtout l'esprit même de la peinture n'ont presque plus rien de gothique, mais les formes, le geste et surtout la draperie sont encore traditionnels.

Saint Luc, vêtu d'une ample robe de moine et d'un manteau qui se drape sur les épaules, recouvre le bloc de pierre sur lequel il est assis. Les plis symétriques qui retombent sur les dalles, sont encore plus traditionnels. L'opposition est éclatante entre ces deux personnages archaïsants et le décor nouveau où ils sont assis. L'ensemble constitue par excellence une œuvre de transition et cependant elle est parfaitement harmonieuse.

Mabuse est un génie conciliateur. Dans son esprit le décor de la Renaissance italienne et les draperies gothiques s'accordent avec aisance. On sent que son plaisir de peintre a été aussi grand pendant qu'il peignait le décor et pendant qu'il modelait dans la pâte par touches petites ou larges, mais toujours précautionneuses, ces deux groupes de personnages. Deux âmes vivaient en lui sans qu'il éprouvât la nécessité de sacrifier l'une à l'autre.

De son éducation première, de ses admirations, de l'atmosphère d'Anvers où il a vécu, pensé, travaillé, où il s'est formé, il demeure des traces évidentes : le verticalisme, l'absence d'arabesque décorative, un je ne sais quoi de grave et de minu-tieux. On a cru reconnaître dans la draperie de la Vierge et dans celle de saint Luc, quelque chose de linéaire. A notre avis, cette remarque ne se justifie que par une observation insuffisante. Le propre de Mabuse, à quelque époque que ce soit, a été de voir en peintre, et non en graveur, et d'exécuter dans une matière abondante, souvent fluide, mais toujours grasse et souple. Au rebours des graveurs, il ne dessine jamais par la ligne, mais toujours par le modelé. Même dans le tableau de Prague, qui est particulièrement précis et même dans les détails d'orne-

Saint Luc peignant la Vierge.
Détails.
(Musée Rudolfinum. Prague)

mentation qui se prêtaient à une exécution graphique, même dans les plis « géométriques » de vêtements, Mabuse dessine par le modelé.

Albert Dürer, même dans ses tableaux, dessine par les ombres, et il les voit en graveur, c'est-à-dire par oppositions nettes qui mettent le contour, c'est-à-dire la ligne en pleine valeur; Mabuse, au contraire, voit le ton pénétré d'ombre et, pour donner une impression d'ombre, il peint coloré, mais en opposition avec un ton brillant. Ses ombres ne sont jamais noires. Ses yeux de peintre avaient besoin de se réjouir partout et de voir par conséquent partout de la couleur. Quelque minutieux qu'ils puissent être, les tableaux de Mabuse sont toujours dénués de sécheresse. Certaines lumières froides donnent quelquefois, à première vue, l'impression de sécheresse. Il suffit de regarder de plus près pour « en voyant comment c'est fait » sentir la volupté d'un regard qui se complaît à malaxer le ton dans la pâte afin de fondre dans un ensemble. J'attache une si grande importance à ce point de vue, et je l'ai si scrupuleusement contrôlé sur tous les tableaux incontestables de Mabuse que je me suis refusé d'ajouter au catalogue de ses œuvres, aucun tableau, même en possession d'état depuis un très long temps, si je n'y reconnaissais la technique d'un peintre qui, en tout et toujours, voit nécessairement par le ton local baigné de lumière et se fondant sous le pinceau dans l'atmosphère ambiante. Un tableau sec, si brillant et magistral qu'il soit, ne peut pas être un tableau de Mabuse.

Dans le tableau de Prague, la lumière vient d'assez haut en avant du tableau et à droite. Le plafond du portique est dans l'ombre et le fond est en plein air. Je n'ai pas du tout l'impression d'une virtuosité rembranesque dans le jeu des ombres et de la lumière. Je ne puis cependant rien découvrir qui soit en contradiction avec une vision nettement et exclusivement picturale.

Cette façon de voir est générale chez les peintres du Nord de la France — chez les Wallons par conséquent. Ingres, peintre de Montauban, et Albert Dürer, peintre allemand, marquent nettement des façons de voir la nature qui, toutes magistrales qu'elles soient, sont à l'opposé de celle de Mabuse.

LA DANAË DE MUNICH

Par amour des contrastes et pour saisir d'un seul regard le point de départ et le point d'arrivée d'une évolution très significative, regardons maintenant la *Danaë* de Munich. Signée et datée de 1527, elle fut exécutée par Mabuse en pleine maturité. Elle offre les mêmes caractères techniques que le *Saint Luc* de Prague bien que les dimensions, le sujet et l'absence d'expression morale en fassent une œuvre beaucoup moins importante. Nous en référons sur ce point à l'une des pensées de Léonard de Vinci, recueillies et publiées par Joséphin Péladan :

« Les figures peintes doivent l'être de telle manière que ceux qui les regardent puissent facilement connaître d'après leur expression le sentiment de leur âme.

« Cette figure doit être la plus louée qui, par son expression, révèle le mieux la passion de son âme. »

Dans une sorte de petit temple formé par des colonnes en demi-cercle qui laissent apercevoir dans l'atmosphère extérieure diverses architectures Renaissance telles que portiques, tour à trois étages surmontée d'une coupole, balustrade et campanile où se retrouvent maints détails gothiques, une jeune femme demi-nue est assise. C'est un sujet mythologique. Ce personnage représente Danaë levant la tête vers le ciel pour recevoir la pluie d'or. Elle a le cou, l'épaule droite et le sein droit entièrement nus. Les deux jambes sont nues à partir d'au-dessus des genoux. Pour le reste du corps, elle est drapée dans une robe dont les plis, encore qu'ils demeurent méticuleux, n'ont plus rien de l'esprit ni même de l'aspect gothique.

L'évolution est à son terme. Mabuse est devenu entièrement Renaissant. Que la nouvelle orientation de ses idées et que le caractère désormais entièrement profane de ses sujets n'aient pas altéré profondément ce qui tient à la nature même de l'artiste, voilà ce que démontre ce tableau.

Ce qui a changé, c'est le caractère moral de l'œuvre. Ce sont les tendances qu'elle décèle, l'idéal nouveau qu'elle proclame. C'en est fini des Vierges graves et attendries, des Rois Mages pénétrés de respect, des Saintes Catherine et Dorothée merveilles de pudeur et de beauté chaste ! Le tempérament wallon se révèle. Gossart avait, cela est évident, reçu une éducation catholique; il avait respiré l'atmosphère éminemment religieuse des pays de langue flamande; il avait vécu à Anvers; il avait travaillé à Bruges; il avait peint son Saint Luc pour l'église de Saint-Rombaut. Il y a dans ses œuvres de jeunesse, nous le reconnaissons, un reflet de mysticisme sincère mais que l'on ne sent pas foncier. Même devant l'*Adoration des Mages*, on sent, on devine un je ne sais quoi de profane. Il y a plus de mysticisme dans certains tableaux profanes de Van Eyck — par exemple son Eve ou le portrait de femme du Musée communal de Bruges — qu'il n'y en a même dans les premiers tableaux religieux de Gossart. Le caractère profane est sensible dans le triptyque de Palerme. Il prédomine dans le *Saint Luc* de Prague. Il règne exclusivement dans la *Danaë* de Munich. La culture, le goût des nouvelles idées plastiques, l'amour des belles formes, des beaux décors et de la nature vivante, ont détruit progressivement tous les effets d'une éduca-

Danaé.
(Ancienne Pinacothèque. Munich)

tion qui ne répondait pas aux aspirations foncières du tempérament. Les Français ne sont pas mystiques. Ce Wallon ne l'était pas non plus.

Regardons cette Danaë. C'est une courtisane. Bien qu'elle soit déshabillée plutôt que demi-nue, elle ne nous révèle certainement aucune perversité et nous ne la taxerons pas d'impudicité. Qui ne sentirait cependant combien l'Eve toute nue du volet de gauche de Palerme est plus chaste et plus réservée ?... Nous apprendrions sans étonnement que ce beau modèle a eu des bontés pour l'artiste qui la faisait poser. Désormais, l'évolution s'est entièrement accomplie. Observons qu'elle a été rapide. L'Eve nue de Palerme se place aux environs de 1507. La femme nue du musée de Berlin dans le tableau qui représente Neptune et Amphitrite, est datée de 1516. C'est la première en date des Eve, des Vénus et des Omphale qui s'échelonnent jusqu'à la Danaë de 1527. Toutes attestent la même aspiration vers la beauté des formes qui avaient trouvé en Raphaël son expression la plus parfaite. La Danaë, fraîche et rose, aux formes pleines, nous offre un tableau complet et par conséquent caractéristique de l'état d'esprit de Gossart à la date de 1527. Il est redevenu ce que la nature l'avait fait : un amoureux et un païen.

Or, comme ses facultés essentielles étaient de voir, de vivre et d'exécuter en peintre, il nous a laissé dans ses tableaux profanes et notamment dans la *Danaë* une synthèse de ses qualités, et, dans une certaine mesure, de ses défauts. Cette Danaë ne pense pas. Aucun des personnages inventés par Mabuse ne suggère une pensée importante. Mabuse n'était pas un penseur. J'ai une tendance à croire que son éducation première, dans sa petite ville de Maubeuge, avait été plus expérimentale que livresque. Sa période mystique fut très courte. On ne l'imagine ni à Middelbourg, ni à Veere, pâlissant sur des livres ni s'ingéniant à se créer une philosophie.

SAINT LUC ET LA VIERGE DE VIENNE

Il est impossible de ne pas rapprocher du *Saint Luc*
de Prague et de la *Danaë* de Munich le *Saint Luc* de la
collection Léopold Wilhelm avec Vienne.

C'est un tableau sur bois, d'assez grandes dimensions (1)
et d'une composition extrèmement riche, peut-être même trop
riche, puisque sa complication peut paraître un peu puérile.
Mlle Charlotte Aschenheim dans son livre sur « l'influence
italienne dans la peinture flamande » (Strasbourg 1910) a noté
des analogies intéressantes entre ce tableau et celui de Filippo
Lippi à Sainte Marie de la Minerve à Rome. M. Weisz a
repris ce parallèle en précisant les différences.

Si la *Danaë* de Munich marque le terme d'une évolution logique et harmonieuse, le *Saint Luc* de Vienne dépasse
le point de perfection. Le mot de décadence, devant ce tableau,
se justifie. La critique allemande a pu prononcer le mot de
pré-baroque.

Il y a, dans ce tableau, une recherche de la virtuosité
pour la virtuosité et de l'effet théâtral qui apparente ce tableau
aux œuvres de la décadence italienne.

Au premier plan et à droite, Saint Luc est agenouillé
devant un pupitre. De la main gauche, il maintient le papier
sur la planchette inclinée vers lui. De la main droite, il tient

(1) 115 × 82.

SAINT LUC PEIGNANT LA VIERGE.

un pinceau. Un ange placé derrière lui et à sa droite, pose sa main sur la sienne et dirige son travail. De l'autre main, l'ange l'enveloppe et lui touche l'épaule gauche.

Devant eux, sur des nuages qui forment une gloire, la Vierge tient son enfant dans les bras. C'est une apparition. Ses pieds ne posent pas à terre. Trois angelets court-vêtus la soutiennent en faisant effort de leurs petits bras. Au-dessus d'elle, deux angelets volants portent la couronne au-dessus de sa tête. Cette apparition s'encadre dans une arcade Renaissance où s'inscrivent des arabesques de pierre sculptée séparées par des médaillons ronds. Elle est séparée du plan où travaille Saint Luc par un pilastre très ornementé où se distinguent des arabesques, des guirlandes de fleurs, des putti assis, un médaillon d'empereur romain, des festons, des grotesques.

A droite de ce pilastre, une autre arcade avec des piédroits très enrichis des mêmes ornements et un autre pilier de même style forment le fond sur lequel se détachent Saint Luc et l'Ange. Un petit temple rond du style de la Renaissance, composé de trois colonnes, d'un entablement et d'une coupole, le tout posé sur un soubassement, fait saillie hors de cette arcade. Une Statue de Moïse drapé portant les tables de loi est posée au sommet.

Sur le sol, divers plans architecturaux sont indiqués par des bases de colonnes ou de pilastres, des dalles de pierre, des degrés d'escalier. La profusion des détails est extrême. C'est un des caractères des œuvres de décadence que d'accorder aux détails cette importance exagérée au détriment de l'idée principale et de l'unité morale du tableau.

Une douzaine d'années environ sépare le Saint Luc de Prague, si grave, si sobre, si solidement et sérieusement établi, de ce Saint Luc de Vienne, si brillant, si théâtral, si joli et si factice. Quel changement! La main est la même, mais l'âme est entièrement et absolument différente. Que la robe du

Saint Luc de Vienne puisse être comparée à celle du Saint Luc
de Prague notamment par sa disposition symétrique et méticuleuse de plis, cela est hors de doute, mais l'analogie n'est
que purement extérieure et encore ne résiste-t-elle pas à un
examen approfondi. Autant la draperie de Prague est calme,
grave, tranquillement et sérieusement peinte, autant celle de
Vienne est agitée, compliquée, disposée en vue de l'effet. On
sent que le peintre veut faire valoir sa science et sa virtuosité.
De même encore pour la surcharge d'ornements dans le décor
architectural. Quant à la Vierge, sur son nuage, elle est drapée
dans une robe du même caractère brillant et superficiel que
celle du nouveau saint Luc. Un pressentiment du style baroque,
dont les complications puériles allaient se répandre si étran-
gement dans les églises et les palais, est indéniable.

Impossible, devant ce tableau, de ne pas se souvenir
du jugement d'Albert Dürer consigné dans son journal à la
date du 9 décembre 1520. Après avoir vu la *Descente de
Croix* de Middelbourg il déclarait en préférer « la peinture
à la composition ». Nous souscrivons à cette opinion.

Avant tout Mabuse est un peintre. On sent, dans ce
tableau, un raffinement visuel qui est de bien meilleur aloi que le
raffinement de composition. Les rouges de la robe de Luc, les fleurs
du manteau de la Vierge, les gris-violets de sa robe, les verts et
les jaunes des anges, les gris-jaunes, les gris-rose, les vert-olive,
les bleu-verts, les roses de toutes nuances, les bleus-sombre et
les reflets de tons, tout cela est d'un peintre délicat et puissant.

Quant au type du visage de la Vierge, et à la façon dont
il s'harmonise avec l'enfant demi-nu qui presse son visage contre
l'épaule de la mère et lui caresse la joue de sa petite main droite,
il doit être rapproché de la série nombreuse des Madones que
Mabuse a peintes pendant toute sa carrière — sans doute parce
qu'on les lui commandait — et qui s'efforcent toutes vers un type
idéal propre à Mabuse.

L'ECCE HOMO DE MILAN

Nous aurons à constater que le caractère de ces Madones est profane plutôt que religieux. Malgré l'empreinte indélébile d'une éducation religieuse Mabuse, peu mystique, n'était peut-être même pas un croyant profondément convaincu. Il avait de grandes facultés d'assimilation et ses premiers tableaux avaient pu faire illusion, mais la facilité avec laquelle il fit volte-face et le caractère définitif de cette évolution, dès qu'il se trouva en contact avec les hommes et les idées de la Renaissance nous indique clairement quel était son tempérament propre. Il ressemble aux artistes du Nord de la France qui, aujourd'hui encore, reçoivent dans leurs petites villes une éducation religieuse et se soumettent sans trop de contrainte aux traditions qu'on leur a inculquées aussi longtemps qu'ils demeurent soumis à l'influence du milieu. Cependant ils ne considèrent pas sans une secrète envie, sans un je ne sais quoi de nostalgique, ceux qui quittent la province natale et s'en vont vers des pays où l'on pense plus librement, où l'on vit avec plus d'indépendance, où l'on peut développer librement et joyeusement sa personnalité.

Individualisme joyeux des Français du Nord, dès qu'ils peuvent s'arracher au milieu natal! Aujourd'hui, c'est Paris qui attire les artistes, et les Etats-Unis ou l'Argentine qui attirent les hommes d'affaires. Au XVIe siècle, c'étaient la cour de Bourgogne

58

et les somptueuses petites cours d'Italie. Il y a un individualisme wallon. Il n'y a pas d'unité wallonne. Un poète liégeois a écrit : « Liége est la ville de hantise qu'on voudrait fuir toujours et où, « malgré soi, on retourne ; la ville féconde en talents, mais qui, « mère funeste, étouffe et tue ceux qui ne prennent pas leur envol « dès qu'ils se sentent des ailes. » On pourrait en dire autant de toutes les villes du Nord de la France. C'est leur caractère que de produire en abondance des artistes et de ne pas les garder auprès d'elles.

Gossart, quand il quitta Maubeuge, s'en alla étudier sa profession à Anvers et à Bruges, dont les maîtres étaient, à juste titre, en pleine réputation. Quand il sut son métier, il éprouva le besoin d'aller vivre en des pays plus brillants, dans une atmosphère plus libre et notamment à la Cour de Bourgogne. A en juger par la facilité avec laquelle Mabuse se pénétra tout de suite de l'esprit de la Renaissance et du paganisme dont nous sommes encore nous-mêmes tout imprégnés, on devine à quel point ses idées répondaient à son tempérament propre et peut-être au tréfonds de son hérédité.

Loin d'être mystiques, les tableaux de piété de Gossart — dès qu'il se découvrit lui-même — cessèrent en grande partie d'être religieux.

Peut-on appeler religieux « l'Ecce Homo » dont il existe en Europe un grand nombre de copies et qui se retrouve à Gand dans le musée municipal, à Bruxelles dans la collection Pierre Bautier et à Anvers dans le musée de la Ville ?

Bien que ces trois exemplaires soient à n'en pas douter des copies, — peut-être l'original est-il à Bergame — on peut juger de l'esprit du tableau, sinon de sa facture et de son coloris. Cet esprit est peu religieux. Le Christ, nu et couronné d'épines, est assis, les deux mains nouées et placées entre ses genoux, sur une sorte de trône dérisoire formé d'un cube de pierre posé sur un soubassement de granit. Un linge drapé avec soin retombe de ses

ECCE HOMO.
(Coll. Comte Schall-Riancour, Château de Gauszig)

genoux, sur la pierre et le soubassement. Derrière lui, une colonne s'érige, lisse et ronde. Un personnage, vu de trois-quarts et qui peut représenter l'un des bourreaux, s'aperçoit derrière cette colonne.

Devant le Christ, deux personnages le regardent en grimaçant. L'un, chauve et de visage hideux, serre dans les mains une bourse et par conséquent représente Judas. L'autre est coiffé d'une sorte de turban.

Dans le coin et en haut de ce tableau, on aperçoit des détails d'architecture Renaissance se détachant sur un ciel bleu. Dans la copie d'Anvers, ce ciel est assez morne. Dans la copie qui appartient à M. Bautier, au contraire, il est d'un joli bleu d'azur.

On a remarqué que ces personnages grimaçants — ces grotesques — avaient pu être inspirés par les personnages de Quentin Matsys. Mais la signification intime, l'esprit de l'œuvre sont tout différents. Les bourreaux grimaçants des peintures primitives flamandes sont des reflets d'âme. Ils expriment l'aversion, l'horreur, la plus extrême répulsion, qu'inspiraient au peintre religieux les ignobles persécuteurs de l'Homme-Dieu. Dans l'*Ecce Homo* de Mabuse, ces personnages grimaçants sont des occasions de pittoresque, on oserait presque dire des prétextes pour intéresser et presque pour distraire le public à la manière des caricatures dont le public de tout temps a été friand. On peut facilement les supprimer par la pensée du sujet principal. Ils ne font pas étroitement partie du tableau. Ce sont des ajoutes. On ne sent pas que l'état d'esprit du peintre — par élan de foi — le porte à rassembler tous les éléments de laideur sur les bourreaux et toute la beauté douloureuse sur le Christ.

Ce corps nu du Christ est cependant très beau. Mais il est d'une beauté profane et même académique plutôt que d'une beauté religieuse, c'est-à-dire sentimentale. On sent que le peintre a choisi un beau modèle, a cherché une pose harmonieuse, qu'il a croisé les pieds avec soin, disposé les bras en longues lignes flexueuses se rejoignant à hauteur des genoux, qu'il a observé avec soin et transcrit avec amour la saillie des pectoraux, l'attache du cou, la ligne courbe du dos, la saillie des vertèbres et les renflés charnus des cuisses et des vertèbres. C'est une très belle « académie ». A cause de pénombres colorées qui furent tant animées par le Sodoma, le visage de cet *Ecce Homo* paraît d'une intellectualité plus touchante que ne le sont d'ordinaire les personnages de Mabuse. Le jeu des ombres et des lumières, dans la peinture originale, devait contribuer à le rendre émouvant. On sent cependant que la sensibilité de Gossart était visuelle bien plutôt qu'intellectuelle et sentimentale. Il se laissait dominer par son modèle plutôt qu'il ne le dominait. Ce visage de Christ est presque un portrait. On le sent lié à la réalité par une sorte de soumission dont Mabuse n'arrivait jamais à se libérer. Dans ses premiers tableaux religieux, les Vierges sont dominées par les modèles proposés par Van Eyck ou Gérard David. Il n'était pas de ces peintres qui savent transposer la réalité avec assez de vérité pour que le spectateur se sente en présence d'une chose vue et avec assez d'idéalisme pour qu'on sente que la réalité n'a été qu'un point de départ vers une vérité plus générale, plus significative d'un ensemble d'observations, plus synthétique en un mot et plus intellectuelle.

Quand il renonçait à la réalité stricte, Mabuse en arrivait assez facilement au joli et au convenu. C'est ce que nous allons constater à propos de ses Vierges à l'enfant. C'est à ce trait qu'on peut juger qu'il n'était pas un puissant génie créateur. Il n'était pas de force à recréer un monde suivant sa sensibilité propre et ses conceptions intellectuelles. Bien qu'il ne fût dénué ni de sens artiste ni d'une certaine fantaisie, peut-être manquait-il d'imagination au sens que nous donnons à ce mot quand nous pensons à l'Angelico, ou de puissance de création, au sens que nous donnons à ce mot quand nous pensons à Michel-Ange. En quoi il était de sa race et de son pays, tels qu'ils nous apparaissent dans l'histoire de l'art et qu'ils se révèlent à nous aujourd'hui encore dans leurs caractères essentiels.

On peut faire de très beaux tableaux et très importants sans avoir ces qualités exceptionnelles — et c'est le cas de Mabuse. — Mais il est indéniable que ces œuvres, si belles qu'elles soient, ne peuvent être mises en parallèle avec les chefs-d'œuvre de signification universelle d'un Van Eyck, d'un Léonard ou d'un Poussin.

LA SÉRIE DES VIERGES A L'ENFANT

Cette série est très nombreuse. Ces Vierges à l'enfant
s'échelonnent entre la Vierge à l'enfant du Louvre, datée
de 1517, et les dernières années de la carrière de Jean Gossart.
Si l'on se rappelle que ses tableaux les plus anciens — l'*Ado-*
ration des Mages ou le triptyque Malvagna — contenaient
aussi une Vierge à l'enfant, on peut dire qu'il en a peint
toute sa vie. On ne peut admettre que cette continuité dans
la production ait été l'effet d'une dévotion spéciale. Tout
nous prouve au contraire que Mabuse — comme ses confrères
de tous les temps — s'adonna à ce genre particulier de sujets
parce que cette catégorie de tableaux se vendait plus facilement que les autres et donnait lieu — au même titre que
les portraits — à des commandes rémunératrices.

Les plus religieuses de ces Vierges à l'Enfant sont
indéniablement les premières en date. Ce sont celles qui ont été
peintes sous l'influence de Van Eyck, de Gérard David et de
Memling. A partir du tableau de Prague, c'est-à-dire de 1515, le
sentiment profane prédomine. A mesure qu'il prenait conscience
de sa propre personnalité — si peu mystique — Jean Gossart
s'éloignait du type flamand pour se rapprocher des Vierges
italiennes et pour s'efforcer peu à peu — par des recherches

LA VIERGE ET L'ENFANT.
(Musée Provincial, Munster)

LA VIERGE ET L'ENFANT.
(Musée du Louvre, Paris)

La Vierge et l'Enfant.
(Musée Royal des Beaux-Arts, Bruxelles)

progressives — d'inventer à son tour un type de Vierge à l'Enfant qui n'appartiendrait qu'à lui.

La « Vierge au voile » dont il y a de médiocres copies à Bruxelles, à Lille et dans maints autres musées, la Vierge à l'Enfant assise sur un banc de pierre de la Pinacothèque de Munich et dont il existe une réplique presque en tous points identique au Musée de Vienne, enfin et surtout la Vierge à l'Enfant du Provincial Museum de Munster précisent — entre autres — dans notre esprit les résultats les meilleurs de ces recherches incessantes.

En les étudiant de près, on se rend compte du changement profond, de la révolution essentielle que les idées et les mœurs de la Renaissance avaient déterminés dans les esprits et dans la manière de concevoir le sujet. C'est au détriment de l'austérité, de la gravité, de la tendresse calme et de la stabilité quasi-dogmatique que l'évolution vers le joli et gracieux se précise de plus en plus.

On imagine que les vrais Primitifs peignaient leurs tableaux religieux pour se satisfaire eux-mêmes et pour donner satisfaction à quelques amis et connaisseurs aussi difficiles qu'eux-mêmes.

Ils faisaient une œuvre de piété, une œuvre d'art et ils ne se préoccupaient que de l'opinion d'un petit nombre d'émules ou de connaisseurs. Cela se sent.

Au début du XVIe siècle, le nombre des amateurs de tableaux s'était multiplié. Églises, couvents, amateurs de toutes catégories, constituaient un public et un marché. Les artistes désiraient plaire. Je crois sentir dans les représentations successives des Vierges à l'Enfant de Mabuse la recherche d'un sujet gracieux comparable à celui des Vierges pour images de piété qui aujourd'hui encore ont tant de succès. Une fois établi ce modèle était reproduit par l'artiste lui-même en plusieurs répliques peintes, en un grand nombre de gravures, et même — par des copistes plus ou moins habiles — en de très nombreux exemplaires gravés ou peints.

Ainsi s'explique que la Vierge de Munich soit si parfaitement semblable à celle de Vienne que nous puissions croire à une réplique de la main même de Mabuse, et que nous trouvions dans les divers musées d'Europe de si nombreuses copies de la Vierge au voile, par exemple, dont l'original semble avoir été perdu.

Dans la recherche de ce type gracieux Mabuse est parti de la réalité, c'est-à-dire du portrait sur nature, pour aboutir peu à peu à un type idéal très proche d'un type conventionnel autour de qui se cristallisa l'admiration des contemporains.

La Vierge du Louvre datée de 1517 est encore très proche de la réalité. Autant l'on sent de maîtrise dans la robe bleue et les plis du voile blanc qui recouvre les épaules — que Mabuse avait déjà peints à plusieurs reprises dans ses précédents tableaux — autant l'on devine une certaine incertitude dans la conception des visages et dans leur exécution. L'influenee italienne est considérable. Peut-être même Mabuse fit-il poser devant lui une Italienne. Si c'est une Flamande, il l'a choisie aussi semblable que possible aux beaux types italiens d'ovale allongé, de traits réguliers, aux joues pleines, au nez et au menton bien modelés comme le sont les joues, le nez et le menton des déesses de l'antiquité.

La soumission au modèle et le désir de l'idéaliser sont également sensibles dans ce petit tableau. Le résultat est une sorte de compromis. On retrouve des asymétries — notamment dans les yeux — qui, selon toute vraisemblance, appartenaient en propre au modèle. On reconnait des puretés de ligne et des idéalisations de modelé notamment dans le galbe des joues, l'ampleur du front, les renflés du menton. Ce sont des formes qui se rapprochent d'un type idéal.

On peut faire les mêmes observations à propos du bambino. Le corps est réaliste et idéalisé; il s'apparente aux

La Vierge et l'Enfant.
(Coll. du Dr Wassermann)

Jésus de l'école flamande et aux bambini de l'école italienne. Le visage est copié sur nature et très timidement idéalisé. Etant donné qu'il représente l'Enfant-Dieu, on peut lui reprocher son manque de grâce, mais ce qui est admirable c'est l'exécution. Elle est irréprochable. La couleur est riche, solide, vigoureuse et inaltérable. Les modelés sont minutieux, non sans ampleur, savants et précis. La robe bleue, le voile blanc, le manteau rouge et les carnations de la mère et de l'enfant forment sur ce fond sombre pénétré de brun une magnifique harmonie. Toutes les caractéristiques de Mabuse que nous rechercherons soigneusement dans les tableaux douteux sont ici caractéristiques : façon de modeler la tête, forme des yeux et point lacrymal, point d'ombre aux commissures des lèvres, manière de boucler les cheveux, forme des doigts et des ongles, manière de traiter les tissus, façon de modeler les chairs et de faire briller les bijoux.

ANNE DE BERGUES ET SON FILS

De ce compromis, de cette conciliation entre le portrait proprement dit et l'idéalisation qu'exige l'interprétation d'un sujet éminemment religieux, un tableau dont nous ne possédons qu'une copie (la sécheresse de la facture ne nous laisse sur ce point aucun doute) est l'exemple le plus typique.

C'est le portrait d'une jeune femme et d'un enfant considéré pendant très longtemps comme la Vierge et l'Enfant, et qui a été reconnu par M. Hulin de Loo comme étant le portrait d'Anne de Bergues et de son fils.

Nous savions par Van Mander que Mabuse avait peint de la Marquise de Veere un portrait idéalisé en Madone.

Il est infiniment vraisemblable que la copie du Musée de Bruxelles nous donne une idée exacte de ce que pouvait être le tableau original.

Pour l'identification avec la Marquise de Veere, il peut demeurer peut-être quelque doute, malgré la ressemblance avec la Marquise de Veere appartenant à la collection de Mme Gardner en Amérique et reconnue par M. G. Hulin de Loo.

Pour l'attribution à Mabuse du type original, il ne peut y avoir aucun doute.

ANNE DE BERGHES.
(Coll. de Madame Gardner, Boston)

JACQUELINE DE BOURGOGNE.
(National Gallery, Londres)

Bien qu'elles ne nous apparaissent qu'à travers la froideur d'une copie, toutes les particularités de vision, de composition et de technique qui caractérisent les tableaux incontestés de Mabuse, ceux qu'il a signés et le plus souvent datés se retrouvent dans ce tableau. La façon de regarder, la forme des yeux et la façon d'en accentuer certains traits, par exemple la précision du dessin des bords de la paupière et du point lacrymal, l'habitude de donner à la cornée une teinte bleuâtre, la manière de modeler l'arcade sourcilière et de la relier aux modelés de la ligne du nez, la façon de dessiner la bouche et d'accentuer les petites ombres des commissures, le ton de cette bouche, la façon de poser et de dessiner les mains, de modeler les doigts élégants, d'accentuer les phalanges, de leur donner un je ne sais quoi d'effilé et de bulbeux.

De même encore tous les détails de costume, la façon d'exécuter les bijoux, la manière de draper les vêtements et d'exécuter dans la pâte les plis souples du linge par une sorte de retournement du pinceau, le goût des bordures de broderie et de dentelles établissant entre le vêtement et la poitrine des transitions, des « passages » vus en coloriste et exécutés avec une maîtrise minutieuse, enfin la façon de voir et d'interpréter les cheveux blonds, en boucles, tout est du Mabuse et rien que du Mabuse. Le fond enfin, sa composition, sa couleur et la bordure simulée qui forme au tableau un cadre de pierre qui fait partie du tableau, voilà encore qui nous donne la certitude que l'original était de Mabuse.

Seules, la sécheresse de l'exécution, la timidité, l'incertitude relative des accords de tons, nous révèlent mais avec évidence la main d'un copiste.

Nous sommes reconnaissants à ce copiste de nous avoir donné une idée fort nette de ce que devait être l'original. C'était un portrait idéalisé, mais c'était nettement un portrait

Qu'il s'agisse de la mère ou de l'enfant, on sent nettement la soumission à la réalité.

Sur ce fond rouge et comme diapré, le bleu puissant du manteau devait encadrer solidement les blancs jaunes des chairs et des chemisettes. Il reste encore beaucoup de charme au corsage gris-mauve à plis très fins et Gossart avait dû se complaire avec amour à la quadruple bordure. Il y a encore beaucoup de séduction dans ces quatre bandeaux alternés : jaune d'or, blanc-gris, blanc-jaune, bleu et or. On sent que l'artiste a tâché de reproduire même la facture particulière à Mabuse : rompue et méticuleuse. Les cheveux brun-roux assez foncés de la mère et ceux plus clairs de l'enfant sont encore charmants. On sent que l'original était très riche et très fin.

Soumission à la ressemblance, tel est encore le caractère de la *Vierge assise sur un trône d'un gothique de fantaisie*, tableau signé et daté 1532, jadis à Paris, aujourd'hui en Amérique. Cette Vierge à l'Enfant se présente dans un intérieur dont le sol est carrelé, avec un livre ouvert sur ce carrelage, et une fenêtre ouverte par laquelle on aperçoit de petites architectures de style Renaissance, l'un de ces monuments étant une voûte en ruines et l'autre une sorte de porte en forme d'arc-de-triomphe surélevé, au-dessus d'une voûte de soubassement, avec un petit escalier extérieur protégé par une balustrade qui se prolonge entre les quatre piliers qui portent la très haute voûte en plein cintre.

L'enfant, au contraire, est libéré de toute servitude à l'égard du modèle. Il a, à peu près, le même geste, les bras étendus, que celui des Vierges de Munich et de Vienne. C'est un type d'enfant que Mabuse avait inventé et qu'il avait « dans la main ». Dans la Collection Wassermann, à Paris, se trouve une autre Vierge à l'Enfant se détachant sur une gloire jaune et or dont le type physique se rapproche de celle du Louvre. La composition,

La Vierge et l'Enfant.
(Collection particulière aux États-Unis).

l'invention de ce tableau sont certainement de Mabuse. Il semble certain qu'il soit de sa main. Nous l'étudierons plus tard en détail. La Vierge à l'Enfant de la Collection Kauffmann de Berlin peut aussi être rapprochée de celle du Louvre. Il semble que ce soit le même modèle qui ait posé et à peu près à la même époque. Cette Vierge est sensiblement plus libérée et plus proche du type idéal vers lequel tendait Mabuse. L'enfant n'est pas le même et l'accentuation du type idéalisé est extrêmement sensible.

La *Vierge à la grappe*, de Berlin, est beaucoup mieux composée, beaucoup plus jolie, beaucoup plus proche d'un type susceptible d'être popularisé par les répliques et les copies. On n'en voit que le buste. Elle se présente de face, la poitrine très découverte et le sein droit tout à nu. La chemise, aux plis méticuleux, borde une robe aux amples plis. Le visage, un peu penché vers la grappe de raisins qu'elle tient dans la main gauche se présente à nous de trois quarts. Des cheveux blonds retombent en boucles sur ses épaules, recouvertes en partie par un voile qui se noue sur le sommet de la tête. Elle tient de la main gauche, assis sur une table recouverte d'un riche tapis peut-être oriental, l'enfant demi-nu, les cheveux très bouclés, vêtu d'une chemise aux plis souples et qui, tenant dans sa main gauche une pomme posée sur le tapis, tend la main droite vers la grappe de raisins.

Ne cherchons dans cette peinture ni intensité d'émotion, ni gravité dogmatique, ni élan mystique. C'est une très gracieuse vision et une composition très savante. Elle offre à nos yeux le mérite d'avoir été peinte à une époque où les sévères disciplines du début de la carrière de Mabuse exerçaient encore sur ce peintre leur influence favorable. Il y a, dans ce tableau, du calme, une certaine gravité, un désir de beauté sérieuse, un goût encore sûr et l'on n'y sent ni la prédominance exclusive du gracieux et du joli, ni la recherche de l'effet théâtral. On peut l'aimer pour des qualités étrangères à l'exécution —

toujours incomparable même dans les œuvres de second ordre. C'est l'une des vierges les plus belles et les plus heureusement « inventées » que Mabuse ait peintes.

C'est au contraire la recherche du mouvement et d'un je ne sais quoi de théâtral qui donne leur caractère propre à la Vierge de Munich et à sa réplique de Vienne. Sous un cadre cintré qui lui forme un fond harmonieux, la Vierge est assise sur un banc de pierre qui s'étend sur toute la largeur du tableau. Elle a les pieds posés sur un tabouret sculpté, dans l'ornementation duquel se reconnaissent une tête d'ange entouré de deux ailes et de riches détails de décoration. Sa robe, aux plis savants et méticuleux est très ample et retombe jusqu'au sol où elle s'arrange avec grâce. Elle soutient de sa main droite posée sur la poitrine de l'enfant et de sa main gauche posée sur sa jambe gauche, le bambinet tout nu qui étend les deux bras et semble vouloir prendre sa course. Ce mouvement, qui ne se justifie qu'avec peine, fait comprendre qu'un certain nombre des œuvres de Mabuse ont été longtemps attribuées à Van Orley qui aimait tant à étonner ses contemporains par ses exagérations de mouvement et son entente théâtrale des effets.

Outre les qualités proprement picturales qui donnent à ce tableau sa valeur d'art, il y a certes, dans cette Vierge, de grandes qualités de sérieux et même de gravité, mais elle est dénuée d'esprit religieux. Elle n'a pas de vie intérieure. C'est une très belle grande dame, ce n'est pas la Mère de Dieu, refuge et recours suprême de toutes les mères douloureuses. La gesticulation de l'enfant donne au tableau un caractère que les Allemands ont qualifié de « prébaroque ». L'accentuation de cette anatomie puérile qui le fait ressembler au jeune Bacchus porté sur les bras d'Hermès précise encore ce caractère. Ce sujet de piété est dénué d'esprit religieux.

LA VIERGE ET L'ENFANT.
(Musée du Prado, Madrid)

LA VIERGE ET L'ENFANT.
(Musée de Berlin)

A mesure qu'il se libère de la sujétion à la réalité, Mabuse se rapproche d'un type idéal que son tempérament le portait à imaginer plus joli et séduisant que vigoureux et méditatif.

La Vierge à l'enfant de Munster me paraît, parmi ces recherches progressives, le chef-d'œuvre de Mabuse. Signée et datée de 1527, la Vierge se présente de face, mais le visage incliné vers l'épaule droite de façon à ce que le visage se présente légèrement de côté. Elle a le cou et une grande partie de la poitrine à découvert. Le sein droit est presque complètement nu. D'un très joli geste du bras droit, elle étreint maternellement et supporte l'enfant nu assis sur un tapis, probablement oriental. La main droite s'allonge fine et souple sur les flancs et sur la cuisse potelée du bambino. La main gauche tient avec délicatesse la cheville du pied menu et charmant. Les plis de la chemise molle de cette Vierge et son ample vêtement, admirablement drapé, forment avec le tapis et le fond un accord brillant et sobre qui font admirablement valoir le nu de l'enfant, et les tons chaleureux de la poitrine, du sein et du visage de la Vierge.

Du point de vue technique, autant que du point de vue composition et coloris, cela est parfait.

Quant à la signification morale de l'œuvre et à la qualité de l'émotion, je crois qu'elles sont absolument caractéristiques de la personnalité de Mabuse telle qu'elle s'était enfin révélée après des périodes d'imitation et de recherches.

Si ce n'était aussi admirablement peint, on penserait à ces images de piété qui, plus tard, reproduites à l'infini, devaient répondre à l'idéal des braves gens qui ont toujours aimé — que ce soit en art ou en dévotion — la beauté conventionnelle et les idées toutes faites. Un tantinet de fadeur italienne n'est pas niable dans cette conception du type de la Mère de Dieu. C'est une très jolie femme — beaucoup plus jolie que nature — et qui regarde le spectateur avec des yeux d'une douceur infiniment séduisante. Les traits sont réguliers et extrêmement fins. L'ovale du visage est très pur, les cheveux en boucles sont arrangés avec infiniment de goût de part et d'autre d'un front admirable mais dénué de pensée, la bouche est délicate et fraîche comme une fleur, l'attache du cou est d'une ligne élégante et souple, l'indication d'un ou deux plis charnus dans cette blondeur rosée semble inviter à l'amour, la poitrine est bombée, d'une belle couleur chaleureuse et le sein est d'un galbe et d'un renflé à ravir.

Tout bouclé, tout frais et dodu, l'enfant n'est pas moins délicieux. Ce n'est plus le jeune Bacchus aux formes héroïsées, c'est le bambino le plus charmant. Il pose gentiment l'une de ses menottes sur la poitrine de sa mère et, de l'autre, s'accroche à l'un des plis de la chemise. Son charmant visage fait penser aux bambini du Corrège; son ventre, un peu ballonné, ses petits bras et ses jambelettes tout en rondeurs et en fossettes, sont d'un charme irrésistible.

Dix ans après la Vierge du Louvre, voilà où en était arrivé Mabuse. L'italianisme — encore timide en 1518 et tout pénétré du réalisme français — fait partie intégrante, maintenant, de la personnalité de Mabuse. C'est un autre homme.

La Vierge de Carondelet nous révélait un compromis. Celle-ci nous décèle une personnalité très différente. Que cette personnalité soit complexe, qu'elle se compose, pour une part, de la grâce italienne, et pour une part du vérisme français, que la sensibilité de Mabuse soit toute pénétrée de la grâce italienne, et qu'il soit le tributaire des grands maîtres qui l'ont précédé au delà et en deçà des monts, voilà qui n'est pas douteux.

Il n'en est pas moins vrai que la Vierge de Munster a été pensée, inventée et exécutée par un artiste qui ne ressemble plus qu'à lui-même. Il nous paraîtrait juste que cette Vierge eût été reproduite à maints exemplaires par les copistes du temps.

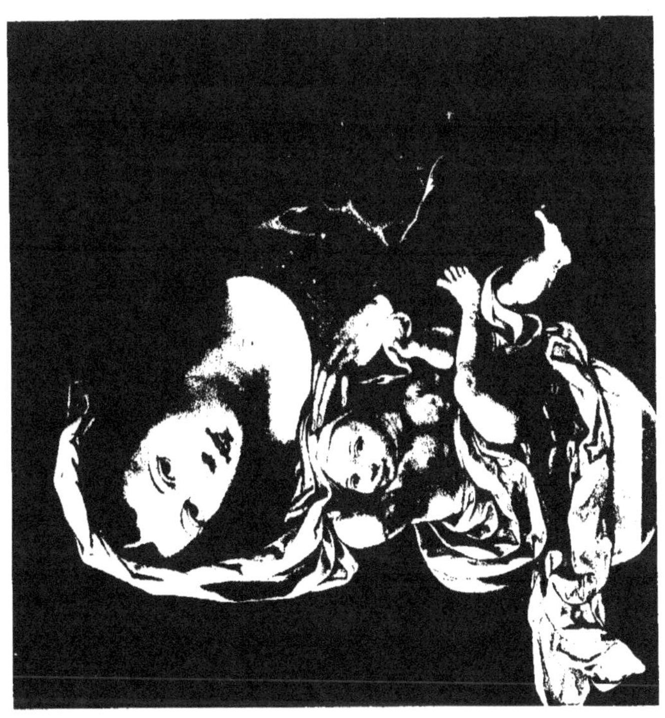

La Vierge et l'Enfant.
(Ancienne Pinacothèque, Munich)

La Vierge et l'Enfant.
Musée de Schwerin

Cela nous gêne que l'original qui nous a été conservé ne se retrouve pas en de nombreuses collections — et que cet honneur ait été réservé au contraire, à la *Vierge au Voile* dont on en connaît au moins dix copies anciennes.

Celle-ci ne fait que reproduire en l'affadissant le type de la Vierge de Munster et l'Enfant nu qui gambade, les bras et les jambes en l'air parmi les plis du voile de sa mère ne peut être comparé que de loin à l'exquise petite créature vivante de Munster. L'Enfant nu de « la Vierge au Voile » a de l'espièglerie gentille, mais il est théâtral, déjà baroque, faussement spirituel et un peu agaçant. Si l'on en juge par la copie de Bruxelles (ou par celle du musée de Lille [1]) il y a une sorte de bavardage dans cette façon de peindre (car la couleur est une langue) ; les plis rouges du manteau ont quelque chose de prétentieux; l'arrangement du voile est très maniéré et le paysage bleuâtre du fond est d'intérêt très dispersé. Le ciel est manqué. Le lis et les deux œillets rouges qui baignent dans le vase de bronze jaune ont du charme et de la dignité. Le visage de la Madone est d'une grâce profane et séduisante. Comme cette grâce facile devait plaire à ceux qui étaient fatigués de la sévérité de l'Ecole de Bruges !

Faut-il croire que le hasard des choses a détruit les copies anciennes de la Vierge de Munster? Ne faut-il pas croire au contraire que le mauvais goût du temps préférait la « Vierge au Voile?.. » S'il en était ainsi, ce point de vue nous expliquerait avec une singulière éloquence le pourquoi de l'évolution constante de Mabuse vers l'art gracieux, le joli et le pittoresque.

Peut-être — fort de son éducation flamande et de son tempérament français, ami de la mesure — résistait-il dans la mesure du possible à l'influence de l'époque. Mais nous savons

(1) Au Musée de Lille, le paysage du fond est enrichi de beaucoup de personnages. On reconnaît la fuite en Egypte, etc. Le vase de bronze jaune avec des lis et des œillets est remplacé par une coupe avec des raisins.

par d'innombrables exemples dans l'histoire de tous les arts qu'il n'y a que les tempéraments d'une originalité exceptionnelle qui résistent victorieusement au mauvais goût de leur époque « et qui dirigent l'histoire. » Quelqu'admiration que nous ayons pour Mabuse, nous ne pouvons le mettre à ce rang dans l'histoire de la Peinture.

Quand on réfléchit au petit nombre de « types » originaux sur lesquels a pu s'accorder l'admiration des siècles, on se sent devant cette Vierge prêt à rendre justice au génie original et inventeur de Mabuse.

Que ce type idéalisé de la Vierge et de l'enfant, n'ait pas, dans l'histoire de l'art, l'importance des types inventés par Van Eyck ou par Memling, par Corrège ou Raphaël, cela ne se discute point. Ce type de jolie femme n'a ni l'ampleur, ni la force, ni le raccourci de pensée, ni la synthèse d'humanité des grandes créations de l'art. Cependant il existe — il demeure — et, à des siècles de distance, je constate que des jeunes filles le copient, que des jeunes hommes s'en inspirent, et que l'image fidèle qui oserait le reproduire à des milliers d'exemplaires toucherait des milliers de cœurs qui seraient satisfaits par elle.

A nos yeux, c'est cette invention servie par une exécution de maîtrise incomparable qui donne du prix à ce tableau. Nous osons le considérer comme l'un des plus importants dans l'histoire de l'art franco-flamand, dans le premier tiers du XVIᵉ siècle.

LES GRANDES COMPOSITIONS DE NU

La même évolution que nous avons vue se poursuivre dans la série des tableaux religieux se retrouve aussi dans la série des grandes compositions de nu. La plus ancienne des compositions mythologiques de cette suite est le *Neptune et Amphitrite* du Musée de Berlin. Il est signé et daté de 1516. Le dernier en date est l'Hercule et Antée de la collection Miethke à Vienne qui est signé et daté de 1523.

Si l'on se rappelle que l'un des premiers tableaux de Gossart, le triptyque Malvagna de Palerme, représentait aussi sur l'un de ses volets un homme et une femme, nus et debout, représentant Adam et Eve, on est en droit de penser que la série de ces tableaux a commencé aux débuts mêmes de l'artiste et s'échelonnent sur toute sa carrière. Parmi les tableaux de cette série qui nous ont été conservés peut-être y en a-t-il qui soient postérieurs à la date de 1523. Sans doute, est-ce le cas pour le Mars et Vénus avec un petit Eros nu brandissant une flèche de la collection Mersch à Paris. Cette composition qui met en scène trois personnages en pied dans un décor architectural important, doit, selon toute vraisemblance, se placer aux environs de l'année 1527.

En comptant le volet de Palerme, il nous reste dix peintures de personnages nus par Mabuse. M. Weisz en dressant le catalogue de Mabuse a mentionné un dessin d'Adam et Eve, assis, conservé à l'Albertina; un autre dessin, à l'Institut Stœbel, à Francfort, représentant les mêmes personnages dans une attitude encore plus tourmentée; une gravure sur bois représentant le meurtre de Caïn par son frère dans un paysage; une autre gravure (portant le monogramme A. C.), représentant trois personnages nus et debout : Hercule, Vénus et Eros; et une troisième gravure sur bois représentant Hercule et Omphale. Il n'est pas douteux qu'il y en eut beaucoup plus.

A travers cette longue série d'œuvres Jean Gossart a poursuivi — comme il l'avait fait dans la série de ses Vierges à l'Enfant — la recherche d'une composition-type et aussi d'un type individuel idéal susceptible de prendre rang dans l'admiration de ses contemporains dans la série des compositions-types dont Van Eyck avait donné les incomparables modèles et dont les contemporains de Mabuse en Italie, en Allemagne, poursuivaient, chacun de son côté, la réalisation.

Cette recherche de la composition-type s'est confondue, pour Mabuse, avec la recherche progressive de sa propre personnalité.

Entre l'Adam et Eve de Palerme, et le « Neptune et Amphitrite » de Berlin datés de 1516, la différence est aussi grande dans la manière de concevoir et de composer que dans l'exécution elle-même. Bien que ces différences ne soient pas tellement radicales qu'on ne puisse reconnaître la même main et surtout la même façon de voir, on peut dire que tout est changé.

La vision des peintres évolue en même temps que leur mentalité et que se modifient leurs organes visuels. Cependant un graveur-né concevra et exécutera toujours par des lignes et des ombres, un peintre-né concevra et exécutera toujours par des valeurs colorées et des modelés.

La plupart des hommes jugent de la moralité d'un

NEPTUNE ET AMPHITRITE.
(Musée de Berlin)

tableau d'après le sujet que l'œuvre représente. Ce critérium, tout puéril qu'il soit, a suffi pour que les deux volets du triptyque de l'agneau fussent exclus de Saint-Bavon tandis que d'autres tableaux, infiniment plus profanes, sauvés « par leur sujet » gardent une place d'honneur. Rien de plus chaste que l'Adam et l'Eve nus du retable de l'agneau par Van Eyck. Les personnages nus de Mabuse, sur le volet Malvagna, sont de la même tradition.

Nous constatons dans ce tableau de Palerme, la simplicité la plus tranquille, la chasteté la plus évidente, une pudeur naturelle qui n'a besoin de recourir à aucun artifice tant elle est manifeste.

A Berlin, au contraire, le sentiment est nettement profane. On sent un désir de panthéisme, une aspiration au paganisme et aussi une fausse pudeur sur laquelle nous ne pouvons pas nous tromper. Ce coquillage marin de forme particulière fait peut-être honneur à l'ingéniosité de Mabuse et à son raffinement. Nous n'aurons pas la naïveté de le trouver plus pudique que la chaste simplicité qui transfigure tout le personnage du premier homme interprété par le pinceau de Van Eyck.

La pudeur est un sentiment de discrétion qui nous porte à détourner notre attention de tout ce qui concerne notre intimité et celle des autres. Dans une œuvre d'art, les juges délicats sentent parfaitement bien à quoi l'artiste a pensé et à quoi il n'a pas pensé. Les feuilles de vigne, les coquillages ou les voiles ramenés avec une adresse sournoise ne sont d'ordinaire qu'une façon d'y penser et d'y faire penser.

Loin de moi la pensée de faire un crime à Gossart de cette intention peu mystique, mais si je me donne à tâche de comprendre et de faire comprendre l'évolution de son caractère, il est nécessaire que je note ce trait significatif.

Neptune et Amphitrite se présentent de face. Ils sont

debout. De sa main droite, soulevée un peu plus haut que la tête, Neptune s'appuie sur son trident. De la main gauche passée derrière le dos d'Amphitrite et qui reparaît un peu au-dessus et au delà de son épaule gauche, il lui donne la main qu'elle relève par un gracieux mouvement et noue les doigts avec les siens. Le bras droit d'Amphitrite passe sous les bras de Neptune, et lui prend la taille. C'est un enlacement relativement chaste, mais on ne peut se méprendre sur l'intention de l'artiste : nous suggérer un plaisir qui n'est pas entièrement dénué de sensualité. Nous sentons bien que le plaisir qu'a éprouvé l'artiste en travaillant devant ces deux beaux modèles nus a été surtout d'ordre pictural et le plaisir qu'il nous suggère est par conséquent du même ordre. Il a vu de belles formes et il s'est ingénié à les transcrire dans une belle matière avec des modelés sobres et sûrs et en transposant ou en inventant des accords de tons énergiques et raffinés. Nous sentons aussi le plaisir qu'il a éprouvé à faire montre de ses connaissances mythologiques (sans doute encore assez récentes), de ses clartés sur la vie antique et de son admiration pour les formes grecques telles qu'elles apparaissaient aux Italiens éblouis à mesure que se poursuivaient les grandes fouilles qui commençaient à cette époque, ordonnées par les grands seigneurs de la Renaissance.

En composant ces deux personnages, Mabuse se ressouvenait certainement des statues antiques qu'il avait pu étudier et des dessins qu'il avait pu voir. L'imitation est assez peu servile pour que l'œuvre demeure personnelle et intéressante. Elle est cependant assez sensible pour que l'originalité de l'œuvre réside surtout dans la facture et dans le sentiment néo-grec.

On devine très bien les bénéfices moraux que Mabuse a pu recueillir des nouvelles disciplines qu'il se choisissait.

Les peintres du moyen âge avaient peut-être pu se passer de ces modèles antiques bien qu'ils s'offrissent toujours en grand nombre à leurs yeux. Peut-être aussi de l'enseignement silencieux que leur offraient tant de vestiges encore visibles dans toute l'Europe, avaient-ils su ne comprendre que l'essentiel, c'est-à-dire la grande leçon d'ordre général qui ne se traduit par aucune imitation. Ils retrouvèrent en eux-mêmes les règles éternelles de la perfection et tirèrent de leur propre cœur et de l'atmosphère de leur temps une beauté nouvelle qui était de l'ordre sentimental bien plus que de l'ordre corporel.

L'évolution de Gossart consiste à s'être écarté peu à peu de cette beauté intérieure pour se rapprocher d'une beauté purement plastique.

On chercherait en vain dans le *Neptune et Amphitrite* de Berlin, une vie morale, un reflet d'émotion sentimentale. Ces deux personnages nus valent par des qualités plastiques ou ils ne valent rien. Le décor architectural composé d'une courte perspective de colonnes ioniques reliées par une archi-trave ornée de triglyphes, de bucrânes et supportant un plafond de pierre accentue cette impression.

HERCULE ET DÉJANIRE

DATÉ DE 1517

Il n'y a pas à en douter. C'est dans l'ordre plastique et non dans l'ordre sentimental que Mabuse, à l'imitation des antiques, a cherché à réaliser un type nouveau de beauté masculine et de beauté féminine. Trouver l'un de ces types de beauté comparables à l'Hermès de Praxitèle, à l'Aphrodite dite de Médicis ou à l'amazone dite du Vatican, et sur lesquels l'admiration des siècles s'est accordé à tel point que ces chefs-d'œuvre ont été copiés et reproduits à l'infini, n'est accordé qu'à un petit nombre d'artistes. Mabuse a ambitionné cette gloire. Osons avouer qu'il ne l'a pas méritée.

Dans le tableau de la collection Cook de Richmond, les personnages debout du tableau de Berlin se retrouvent assis sur un banc de pierre orné d'un bas-relief à la manière antique dans lequel on peut reconnaître un sujet de bataille ou d'enlèvement. Le fond se compose d'une niche demi-circulaire en imitation de marbre surmontée d'une petite corniche. Un attribut nous désigne quelle divinité le peintre a voulu nous montrer. L'homme nu tient dans la main droite une énorme massue. C'est par conséquent Hercule. On en conclut que le second personnage doit être Déjanire.

Hercule et Déjanire.
(Coll. Sir Fred. Cook, Richmond)

Les formes sont belles et l'exécution admirable. Les modelés sont précis et savoureux. On a une impression de consistance et de force. L'arrangement de ces deux corps nus, placés près l'un de l'autre, et notamment des jambes qui s'entrelacent avec une chasteté suffisante et une adresse extrême nous font connaître quels progrès considérables Mabuse avait faits dans la science de son art et dans les habiletés techniques de sa profession. Ajoutons que la beauté des lignes est remarquable malgré que l'arabesque de Mabuse soit rarement très onduleuse. Les formes sont souples et rebondies, sans sécheresse ni fadeur.

Pourrions-nous cependant reconnaître une déesse et un dieu si les attributs ne nous l'indiquaient?.. Devant l'Hermès de Praxitèle, nul besoin de thyrse ni de pampre, nous nous trouvons en présence d'une beauté surhumaine. Le modèle nu n'a été qu'un point de départ, c'est de l'imagination de l'artiste, de sa foi païenne que la statue a jailli.

Devant l'Hercule de Mabuse, nous sentons que l'artiste n'a pas été soutenu par ces stimulants moraux. Il n'a pas pu se libérer du modèle. Sans doute l'a-t-il, dans une certaine mesure, transfiguré, mais cette mesure a été petite. Il en est de même pour la jeune femme nue. Le dessin n'est pas très inventé. C'est un dessin d'influence classique et qui n'est pas le contraire d'un dessin académique. Que Mabuse ait voulu se libérer, cela se voit par la façon dont Déjanire est assise. Le bizarre enlacement des jambes est plus ingénieux que logique. Il témoigne d'un désir d'invention plus directement attaché à des détails qu'à la transfiguration et au renouvellement total du sujet.

LES AUTRES COUPLES DE PERSONNAGES NUS

C'est encore par un peu de bizarrerie et quelque chose de tourmenté que le couple nu « Adam et Eve » du château royal de Berlin peut prétendre à l'originalité. Adam, le dos très bombé, est assis, les jambes écartées, sur un tertre, et se penche vers une petite Eve assise sur le sol — se présentant presque entièrement de face par une pose contournée qui fait penser à certains groupes de statues antiques plutôt qu'à un mouvement d'ensemble transposé avec ordre de la nature dans l'art. Un serpent, la gueule ouverte, enroulé à la branche d'un arbre, nous désigne ces personnages comme étant Adam et Eve.

Cette recherche du mouvement théâtral, ce désir d'étonner, ce besoin de faire preuve de science anatomique, de puissance dynamique et de virtuosité d'exécution trouve son expression la plus complète dans le « Hercule et Antée » de la collection Miethke à Vienne, signé et daté de 1523.

Hercule nu, les jambes écartées, d'un grand mouvement qui voudrait être furieux, porte à pleins bras son ennemi, la tête en bas, bras et jambes écartés, et se prépare à le jeter à bas. Des architectures Renaissance et un fond de ciel encadrent cette scène qui devrait être tragique et qui nous donne l'impression d'un tour de force pas très réussi. C'est déjà de l'art bolonais. Violences de mouvement, saillies de muscles, étalage d'habiletés.

Rien n'est plus contraire à l'esprit des antiques de la bonne époque que ces étalages de fausse puissance. On pense aux moins bonnes œuvres de l'école de Pergame et l'on constate que Mabuse est encore très inférieur à ces modèles de second ordre.

ADAM ET EVE.
(Musée de Berlin)

ADAM ET EVE A HAMPTON-COURT

L'une des plus heureuses de ces recherches vers la beauté plastique de corps nus représentés dans un paysage est probablement le tableau d'Hampton-Court représentant Adam et Eve. Il en existe à Berlin une sorte de réplique très libre et dans laquelle les mouvements de bras et de jambes sont beaucoup plus accentués.

Au Musée Royal d'Hampton - Court, Adam et Eve nus, plus grands que nature (1) se présentent de face. D'un mouvement très comparable à celui d'Hercule et Amphitrite de la collection Cook et très comparable aussi à celui de Neptune et Amphitrite du Musée de Berlin, ces deux personnages s'enlacent.

Passant derrière le dos d'Eve, la main gauche d'Adam vient s'appuyer sur le bras gauche de sa compagne. Passant derrière l'épaule d'Adam, la main d'Eve vient s'appuyer sur l'épaule gauche de son compagnon. Ses cheveux blonds, abondants et bouclés, qui encadrent de petites boucles son visage tourné de trois quarts vers son compagnon, descendent jusque sur les flancs. Dans la main gauche qui pend tout près de la cuisse, elle tient une pomme. Sa jambe droite est ramenée devant la jambe gauche et la pointe de ce pied pose sur le sol tout près de l'autre

____

(1) 190 × 108 et les personnages occupent toute la hauteur du tableau.

pied. C'est une disposition qu'on retrouve fréquemment dans les compositions de Mabuse. L'arrangement des jambes est une de ses préoccupations constantes. On retrouve, à peu de chose près, la même disposition dans le personnage d'Adam. C'est la jambe gauche qui, dans ce personnage, est ramenée en arrière et se croise derrière la jambe droite. Il y a dans ces mouvements quelque chose de précieux et presque de maniéré. Cela donne aux personnages du mouvement et du pittoresque, mais peut-être au détriment de la stabilité. Le geste du bras et de la main droite d'Adam qui semble vouloir se mordre l'index a aussi pour but — de toute évidence — de donner au tableau du mouvement et du pittoresque. Ce geste signifie-t-il qu'Adam va manger la pomme?.. Nous suggère-t-il par un geste familier qu'il devine le châtiment par lequel il va être puni?.. De toutes façons, le geste est d'une ampleur et d'une dignité médiocres. Les expressions de visage ne sont pas non plus d'une signification importante ni très intellectuelle. Le visage d'Adam ressemble à celui d'un enfant pris en faute et qui va être châtié. Le visage d'Eve est joli, mais très peu intellectuel. La copie que le Musée de Bruxelles maintient sous le nom de Mabuse est très mauvaise, d'un jaune sale et uniforme. Au rebours de l'original rien n'y est individualisé. Les cheveux d'Eve ne ressemblent en rien à la belle chevelure de l'Eve d'Hampton-Court. Adam et son geste du doigt mouillé a l'air stupide, le ciel est d'un vilain jaune, la colline est de fond jaune-cuir. C'est une œuvre de pratique. On ne comprend pas que les Conservateurs du Musée aient maintenu si longtemps une attribution qui ne peut être défendue par personne.

Manifestement, dans cet Adam et Eve d'Hampton-Court, Gossart s'est laissé asservir par ses modèles. Il a peint à peu près ce que la nature lui offrait. C'est trop peu. Si Léonard avait peint la Joconde telle qu'elle était, il n'aurait pas créé un type de signification universelle.

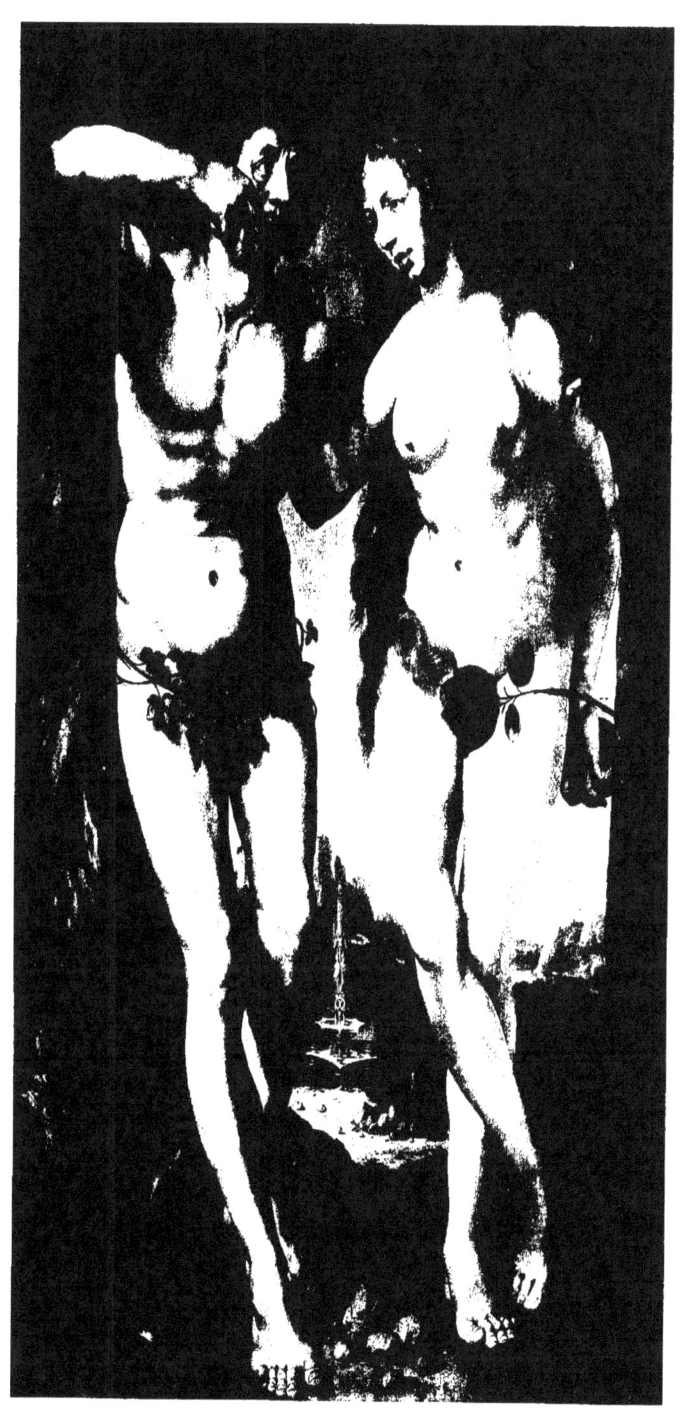

ADAM ET EVE.
(Château de Hampton-Court)

Du point de vue plastique — qui fut évidemment le point de vue principal de Gossart — on peut faire la même observation. Ces deux corps nus sont très beaux et présentés avec beaucoup d'habileté, ils ne sont pas transposés avec une liberté suffisante pour avoir pu acquérir un caractère d'universalité.

Du point de vue peinture notre admiration est beaucoup plus vive. L'exécution est magnifique, sobre, juste, chaleureuse et très personnelle. Les lumières sont blondes. Les ombres sont obtenues par le modelé, et non par des lourdeurs arbitraires. Elles sont très étudiées. Chaque caillou, sur le sol, a son ombre. Le fond bleu, qui est joli, est peut-être un peu sourd. Les petites architectures gris-verdâtre qui font partie du paysage « décoratif » sont en lumière froide telles que les aimait Mabuse.

Les détails de nature, les verdures d'arbre sont aussi soignés que ceux de Van Eyck. Le paysage, bleuâtre, n'est Léonardesque que dans une petite mesure. Il peut avoir été vu dans la réalité : on en voit de tels au cours d'un grand nombre de fleuves et notamment le long de la Meuse, plus particulièrement peut-être aux environs de Marche-les-Dames près de Namur. Toute cette vision est véridique. Les deux arbres bruns, parallèles entre eux, qui enferment la composition, sont peut-être un peu rudimentaires et peut-être le serpent l'est-il aussi, mais ils font partie des sacrifices nécessaires à la mise en valeur du sujet principal. Les cheveux blonds sont d'une facture personnelle à Mabuse; ils sont traités avec amour. Cependant, le but essentiel de l'artiste demeure évident : faire du nu et montrer sa science anatomique et technique. On remarquera que les pieds sont exécutés exactement comme les mains, avec autant de soin et de pureté. Les genoux s'emboîtent rigoureusement, les ventres et les poitrines sont convexes et consistants. La pomme que tient Eve est aussi veloutée qu'une pêche. Toute la facture nous montre une pâte mince, brillante, consistante. L'ensemble a de la grandeur et de la force.

Quant à la mise en toile, elle est assez sommaire. Ces deux corps nus occupent toute la hauteur de l'œuvre, et se présentent à nous en lignes presque parallèles et symétriques aux deux troncs d'arbre qui, de droite et de gauche, leur forment un encadrement coloré.

Le paysage du fond est joli, méticuleux et décoratif. On retrouve ici le parti-pris que nous avons signalé dans le paysage d'arrière-plan du triptyque de Palerme. A notre avis, par conséquent, ce n'est pas avec raison qu'on a reproché à Mabuse de n'avoir pas exécuté à la même échelle les personnages et le paysage. Loin d'être maladroite, la perspective est au contraire fort habile. Le prétendu désaccord entre les personnages et le fond du paysage est le résultat d'un parti-pris légitime. C'est une conception décorative qui a sa logique et sa beauté.

A Berlin le mouvement d'Eve qui tend la pomme à Adam, et le mouvement de celui-ci qui lève la main gauche vers le ciel et s'appuie de la main droite à l'une des branches de l'arbre du bien et du mal, donne à ces deux personnages un je ne sais quoi qui ressemble à un rythme de danse. Cela est plus gracieux que puissant et d'une beauté plus théâtrale que stable et méditative. On sent, à cette seconde interprétation du sujet de Hampton Court, que Mabuse, par désir d'avoir du succès et d'étonner les amateurs en faisant montre de sa science et de sa virtuosité évoluait dans un sens exactement opposé à la verticalité de ses débuts et s'acheminait peu à peu vers cet excès de mouvement qui trouve son expression la plus complète dans l'Hercule et Antée de la collection Miethke à Vienne, daté de 1523. Dans ce second tableau, il n'y a plus trace d'expression morale. C'est de la virtuosité pure, des attitudes, et des muscles. C'est déjà de l'académisme.

Hercule et Antée.
(Coll. Miethke, Berlin)

LES VÉNUS

C'est dans les interprétations du corps de la femme que Mabuse s'est le plus approché de la réalisation du désir qui a certainement été le sien : la création d'un type.

La Vénus de Rovigo nous montre une très belle créature nue, debout sur un tabouret décoratif orné au principal d'une tête de bélier, et tenant dans la main droite un miroir précieux, tandis que sa main gauche protège des regards indiscrets la commissure des jambes. Cette Vénus aurait pu prendre sa place dans l'énumération des belles compositions consacrées par l'admiration des siècles si elle avait jailli directement de l'imagination de l'artiste. Malheureusement elle fait penser à la Vénus des Médicis et elle ne supporte pas victorieusement cette dangereuse comparaison. La part d'invention de Mabuse n'est pas assez grande. Les détails de mouvement qui caractérisent son œuvre, par exemple les modelés très accentués de la taille et des flancs, l'arrangement des jambes, la façon de présenter le bras presque entièrement replié sur lui-même pour tenir la coupe à hauteur du sein gauche ne sont ni d'une beauté ni d'une harmonie qui puissent être mises en parallèle avec le type bien connu de la Vénus antique.

Les détails accessoires, tels que le tabouret, le vase

ciselé où s'érigent des branches, le casque à panache, l'arc, les flèches, etc., sont relativement peu importants.

Ce qu'il y a de plus heureux dans l'invention de Mabuse est peut-être la belle arabesque picturale qui part du coude droit, remonte la ligne infléchie des épaules, redescend le long du bras gauche, se prolonge par la ligne courbe de la cuisse, se creuse au genou, rebondit doucement le long du mollet, vient mourir sur le cou-de-pied et remonte le long de la jambe droite par une longue, harmonieuse et délicate flexuosité. Cette arabesque est de l'invention de Mabuse et elle lui fait grand honneur. Si l'on se rappelle « la verticalité » qui caractérisait ses premiers tableaux, on peut juger — par un contraste saisissant — de l'évolution de son idéal pictural, du changement d'orientation de sa pensée, des modifications progressives de sa sensibilité visuelle.

Très comparable à la Vénus de Rovigo, plus inventée peut-être, mais moins belle d'attitude et de geste, la Vénus de la collection Schloss se présente à nous de face, avec un joli mouvement des épaules se tournant vers la gauche pour seconder le mouvement du bras droit qui traverse tout le corps pour aller prendre par la main et soutenir de son autre main à hauteur du coude un Eros nu de la taille d'un enfant et qui, les ailes éployées derrière le dos, tient un arc dans sa menotte droite. Ces deux personnages se présentent sur un fond d'architecture Renaissance : ils se détachent sur l'incurvation d'une niche délimitée par une bordure de marbre en plein cintre. A droite et à gauche sont des colonnes cannelées, dont les bases sont ornées de médaillons à reliefs.

Peut-être un peu trop précieux et plus joli que beau, le mouvement de cette Vénus est d'une grâce persuasive. Malgré le mouvement des jambes placées l'une derrière l'autre (comme les aime Mabuse) elle ne manque pas de stabilité. L'inflexion du bras et l'arrangement des mains sont extrêmement jolis.

MARS, VÉNUS ET AMOUR.
(Coll. M. Paul Mersch, Paris)

Le visage est sans pensée mais juvénile, charmant, et de proportions assez petites et assez justes pour constituer avec les formes amples et grasses du corps un léger contraste infiniment agréable. Les cheveux en boucles, leur arrangement soigneux, la façon dont ils se tordent et retombent avec grâce sont de la meilleure manière de cet excellent peintre.

Peut-être la Vénus de Rovigo et celle de la collection Schloss sont-elles les mieux venues de la série des belles créatures nues que nous a léguées Mabuse.

Je les préfère de beaucoup à la Vénus voilée de la collection Mersch qui soutient de son bras droit un Eros nu brandissant une flèche et posé sur une table, tandis qu'un troisième personnage debout, en armure du XVIe siècle et manteau drapé sur l'épaule droite, la main sur une corne d'abondance, s'efforce, tout guindé et un peu sot, de représenter Mars ou Vulcain. Le fond d'architecture Renaissance et certains détails décoratifs sont très significatifs des particularités de mise en scène familières à Mabuse.

C'est dans ce tableau qu'on retrouve au centre et sur une corniche, à hauteur de la main, le motif de bucrane et de guirlande que M. Weisz a ingénieusement rapproché de l'ornement placé au sommet du tableau sur l'architrave de la Danaë.

DE LA SENSUALITÉ DE MABUSE

Nous avons vu, dans la biographie de Mabuse, les accusations d'ivrognerie et de débauche dont il avait été l'objet de la part d'historiens et de chroniqueurs qui avaient été presque ses contemporains. Le premier en date des historiens modernes de Mabuse, Maurice Gossart, de Valenciennes, l'a défendu de ces imputations avec une ardeur qui n'était pas exempte de puérilité. Rappelons-nous que Van Mandel appelle Patinir « un franc libertin ». En bon flamand de langue flamande Van Mandel était sévère pour les Wallons. Presque tous les critiques ont fait de même. Gossart aimait-il les tavernes, le jeu, le vin et les femmes?... Osons dire que nous n'en savons rien. A nos yeux, la question n'aurait d'intérêt qu'à titre d'indication sur la psychologie du peintre, sur son état d'esprit et sur ses tendances morales.

A défaut de témoignages impartiaux, interrogeons les tableaux eux-mêmes. L'œuvre d'un artiste est toujours l'image de son caractère. Elle porte toujours l'empreinte de sa nuance particulière de sensibilité. Il serait exagéré de dire que le caractère et la sensibilité s'y manifestent tout entiers. Je crois qu'ils ne s'y révèlent jamais qu'en partie. Cependant il est d'une observation constante que l'œuvre est toujours d'accord avec les caractéristiques essentielles d'une personnalité et d'un tempérament.

De la cinquantaine de tableaux qui figurent à notre catalogue et plus particulièrement de la dizaine d'œuvres signées et datées par Jean Gossart nous pouvons obtenir des réponses importantes.

Amateur de vin et de plaisir?... Je le crois volontiers puisqu'il était Wallon. Si Mabuse fut libertin, ce fut en tous cas avec mesure. Toute son œuvre proclame le sens de la mesure, le contrôle permanent de la raison, le parfait équilibre d'esprit et de sensibilité, l'aversion instinctive pour le désordre.

Toutes les œuvres caractéristiques de Gossart sont des œuvres pondérées. Quand il essaie de devenir lyrique ou dramatique, il devient inexpressif et théâtral. L'Hercule et Antée, de la collection Miethke à Vienne, est, à cet égard, significatif. Ce qu'il y a de mieux, dans ce tableau, c'est le décor architectural, élégant, précis, et c'est l'exécution technique. Quant au mouvement lyrique et à l'effet dramatique, ils sont manqués. Manifestement ce genre de sujets, qui exige de l'imagination, de l'emportement, de la fougue et de l'exagération était en dehors du tempérament de Jean Gossart. C'était un homme de bon sens. Ce n'était pas un passionné.

Obervons la précision des décors architecturaux et le bel équilibre des portraits qui se retrouvent à toutes les époques de sa carrière, l'observation soigneuse et réaliste du visage, des attitudes au repos, des détails de costumes et l'interprétation minutieuse de toutes les particularités individuelles d'un être vivant, d'une architecture, d'un objet ou d'un paysage décoratif. La conclusion s'impose : Mabuse était un observateur, un réaliste, un analyste et un collectionneur de sensations vues.

Regardons maintenant l'exécution. Elle est précise, scrupuleuse, savante et constamment pondérée. Rien de commun avec l'exécution lyrique d'un Metsys ni avec l'élan pathétique d'un Roger de la Pasture. Gossart était toujours parfaitement maître de lui-même et je le regrette pour lui bien plus que je ne l'en félicite. Il est bon que l'instinct et l'élan du cœur ou de l'imagination emportent l'artiste pour ainsi dire au delà de lui-même. Elan sentimental ou mystique de Memling, lyrisme fougueux de Metsys, ardeur intellectuelle de Léonard, jaillissement oratoire de Rubens, ces grands mouvements d'âme sont les seuls qui, au delà du tableau, donnent l'élan au génie. Ce n'est pas faire grand éloge à un artiste que de constater sa constante maîtrise de soi. Les grandes impulsions du génie comportent toujours une part importante d'inconscience. Or, Mabuse est un bon artisan très appliqué.

Interrogeons enfin les peintures de nu. De tous les genres de peinture, c'est le plus révélateur de la sensibilité profonde et du tempérament de l'artiste. Magnifique jovialité des nus de Jordaens ou de Rubens, plaisir trouble et raffiné d'un Sodoma ou d'un Vinci, suavité d'un Memling qui peignait sainte Ursule toute nue avec autant de délicatesse, de pudeur et de piété qu'il peignait un agneau sur une petite prairie verte. Beauté sévère, dogmatique, grave et comme retentissante d'un Adam et Eve tout nus par Van Eyck pour une église !

Devant les nus de Jean Gossart, je sens un excellent artiste qui regarde son modèle et qui se dit : Tâchons de faire un bon tableau. Appliquons-nous à trouver de belles formes, de beaux tons, faisons preuve de notre science et tâchons d'exécuter avec consistance et avec éclat.

La petite ivresse intellectuelle que donnent à certains peintres tel mouvement du modèle, telle ou telle couleur de peau, telle arabesque qui se prolonge du talon jusqu'à la nuque et qui se propage au delà du cadre pour se mêler, semble-t-il, à la vibratilité de tout ce qui vit dans le monde, se transforme, s'accouple et se dissocie, se dissout dans le néant pour surgir à nouveau sous une autre forme, voilà ce que je sens nettement dans les œuvres de Léonard, de ses disciples et de ses successeurs, voilà ce que je ne sens pas du tout dans les œuvres de Mabuse.

La sensualité de Mabuse?... elle est parfaitement tranquille. Il aimait à voir de beaux modèles mais son cerveau ni son cœur ne raffinaient sur leurs émotions. Cela est simple, sain, franc et dénué de toute complication psychologique ou sensuelle.

La conclusion s'impose : s'il aima le vin et les femmes, il les aima avec mesure et sans déranger l'ordre naturel de sa vie ni de sa production.

LE MANQUE D'IMAGINATION

Des observations qu'il nous a été donné de faire jusqu'à présent sur la personnalité de Mabuse, l'un des traits de caractère qui ressort avec le plus d'évidence est le peu d'imagination.

Que ce soit dans les œuvres de sa première période, si émouvante et si grave, dans ses grandes compositions italianisantes, dans le *Dombild* de Prague ou la *Danaë* de Munich, dans ses compositions de nu, dans ses tableaux religieux comme l'*Ecce Homo*, ou dans la longue série de ses Vierges à l'enfant, parmi tant de qualités qui assurent à son nom l'immortalité, une qualité demeure introuvable : le don de l'invention jaillissante, la prestigieuse imagination créatrice.

Par ce défaut autant que par ses qualités, Jean Gossart nous apparaît comme un excellent représentant de l'âme moyenne de son pays d'origine. Etant né à Maubeuge, il était Wallon ou, pour parler avec plus de généralité, Français du Nord. Les peintres du Nord sont des réalistes, en ce sens qu'ils ne se libèrent que rarement de la sujétion au modèle qui pose devant eux ou du motif de nature directement observé.

Or il est à remarquer deux traits qui ne sont pas nécessairement contradictoires : premièrement c'est dans cette partie de la France que le caractère moyen des habitants est le plus dénué d'imagination. De tout temps ces Français du Nord ont été des négociants, des industriels, des cultivateurs, des employés et des ouvriers. La haute culture intellectuelle ne s'y est rencontrée que très rarement. Secondement c'est aussi dans cette région que les exceptions à la règle ont été les plus éclatantes. Il suffit de rappeler en peinture le nom de Watteau, en prose les noms de Froissart et de Comines, en poésie les noms de Verlaine ou Albert Samain.

Et il est curieux de constater à quel degré d'intellectualité parviennent parfois ces imaginations créatrices issues d'une région en apparence si peu intellectuelle. On observera d'ailleurs que ces grands artistes ont tous quitté très tôt leur province pour n'y revenir que de loin en loin.

Distinguons ces Franco-Flamands des Flamands proprement dits. Ce n'est pas la même race. Dans les pays de langue flamande, le peuple se compose, comme en Flandre de langue française, de cultivateurs, d'ouvriers, d'employés, de négociants et d'industriels. Eux aussi paraissent dénués d'imagination. Mais entre tant de façons que possède l'esprit humain de se représenter des objets que les yeux matériels ne voient pas, il en est deux dont les grands artistes flamands semblent n'avoir jamais été dépourvus : l'imagination religieuse et l'imagination des couleurs, ces deux qualités prestigieuses étant d'ailleurs marquées d'un caractère instinctif beaucoup plus que d'un caractère intellectuel. Ainsi en est-il même de Van Eyck et des autres grands primitifs, à plus forte raison de Metsys, de Jordaens, de Rubens et des autres grands artistes du XVIIe siècle.

On remarquera aussi que tous les grands artistes flamands ont travaillé chez eux, solidement enracinés dans leur milieu natal.

A mes yeux ce qui donne aux œuvres d'un Van Eyck, d'un Gérard David ou d'un Memling un prix inestimable, c'est que leurs qualités proprement picturales sont mises au service d'un sentiment inné, issu des profondeurs à la race, et dans lequel on ne sent que dans une petite mesure ce qu'il y a de personnel à l'individu. Van Eyck est dogmatique, Memling est plus tendre, Gérard David participe de l'un et de l'autre tempérament. Tous les trois sont d'un élan sentimental qu'on peut appeler mysticisme, mais qui est surtout à mes yeux un élan instinctif de foi, une sorte de jaillissement et, à proprement parler, d'effusion se traduisant par les moyens d'un art particulier : des volumes, des couleurs, des lignes et des expressions de visage.

Dans les triptyques de l'agneau, à l'église Saint-Bavon de Gand, de Jean des Trompes, au Musée communal de Bruges ou de Sainte-Catherine à l'Hôpital Saint-Jean de Bruges, je crois sentir distinctement, à travers une sensibilité qui précise, amplifie et stylise, toute la dévotion religieuse et grave, méditative et disciplinée de certaines âmes flamandes, si belles, si caractéristiques d'une époque et d'une race qu'on serait tenté de croire qu'elles représentaient toute l'âme de la race à un moment donné, si l'on ne savait, par une expérience innombrable, quelle variété infinie d'individualités comporte l'ensemble d'une collectivité ethnique.

Ces âmes croyantes, soumises, fidèles à l'hérédité, imprégnées de toutes les traditions du passé, vivantes par leurs aïeux et par leur espoir en Dieu plus que par leurs attaches avec le présent, elles existent encore de nos jours. Quand elles sont incultes, ce sont les âmes des femmes, jeunes ou vieilles, que l'on voit glisser dans l'ombre des rues de Gand ou de Bruges à l'heure de l'angélus et qu'on retrouve, vaste moutonnement de brebis noires penchées sur leur chapelet ou leur livre de messe, dans l'ombre de la nef immense parmi le brasillement des cierges.

Ces âmes ancestrales, tout illuminées de joies intérieures, projetées en dehors du monde réel vers un idéal de beauté morale que les peintres ont le droit de réimaginer selon leur tempérament, c'est-à-dire par des attitudes méditatives et des somptuosités de couleurs, voilà ce que je retrouve dans les primitifs flamands. Malgré leur réalisme apparent, ce sont, avant tout, vibratiles et silencieux, des condensateurs de sentiments ancestraux. Ils n'expriment qu'un petit nombre de sentiments, mais avec intensité. Il est naturel par conséquent, qu'ils manquent de variété.

Pour les Primitifs wallons, c'est autre chose. C'est une autre race et un autre tempérament. Leur idéalisme est moins collectif, moins exclusivement héréditaire, moins instinctif. Le rôle du tempérament personnel est beaucoup plus grand. Dans les tableaux du plus grand d'entre eux, Roger de la Pasture, on sent une nuance de sensibilité nettement individuelle. Ce n'est pas le plus dramatique, si ce mot, comme je le crois, comporte une idée de mouvement théâtral, mais c'est le plus pathétique des peintres religieux du XVIe siècle. Il a été le traducteur de certains grands mouvements de l'âme, plus particulièrement de la douleur morale. Pathétique signifie : mouvement de passion, mais surtout de passion intérieure. Ce mot implique l'idée de compassion sentimentale plutôt que l'idée d'interprétation mouvementée d'instincts tumultueux. Michel-Ange et Delacroix sont dramatiques. Rubens est orateur. Roger de la Pasture est le type même du pathétique. Il s'est trouvé que le type de Vierge qu'il a inventé était en accord avec les aspirations confuses et les désirs collectifs de toute une foule. C'est en cela qu'il a été un très puissant constructeur de synthèse sentimentale. Encore a-t-il fallu que, dans une certaine mesure, les âmes consentissent à adopter sa conception individuelle des choses divines et sa façon de sentir et d'interpréter la beauté sentimentale de la Passion. Je crois sentir, au contraire, que les types de Dieu le Père, du Christ et de la Vierge, dans le triptyque Van Eyck, avaient jailli de la foule, de la collectivité, et comme des profondeurs de la race. Le peintre s'est conformé à l'idéal collectif héréditaire demeuré jusqu'alors inconscient. Il ne s'est réservé que l'honneur — immense il est vrai et tel qu'il n'y a guère d'autre artiste qui puisse s'en glorifier — d'avoir compris, rassemblé, exprimé et fixé pour l'éternité la prière muette de toutes ces âmes, leur prosternement devant la toute puissance, leur respect et leur attendrissement, leur acceptation et leurs espérances. Devant les tableaux de Roger de la Pasture, on sent un idéal religieux qui peut évoluer -- qui doit nécessairement se modifier selon les siècles et les âmes. Devant Dieu le Père de Van Eyck, on sent le dogme immuable, éternel, préexistant à tout et qui survivra à tout. Il est la base, indestructible et inébranlable.

L'âme collective d'une race ne change pas. Elle se transmet identique à elle-même. Prenant ses origines dans le passé le plus lointain elle se prolonge dans l'indéfini d'un avenir inévaluable. Le peintre qui est d'accord avec cette âme-là doit être nécessairement lui-même d'une stabilité, d'une gravité, d'un manque de versatilité presque absolu. On imagine très bien que Van Eyck, pendant qu'il faisait son éducation, ait pu s'instruire de tout ce qui devait lui être utile. Une fois sa personnalité trouvée et mise d'accord avec la personnalité collective de son groupe ethnique, on n'imagine pas qu'il se soit intéressé au mouvement des idées nouvelles au point de se modifier ou de se transformer profondément. Le vrai Flamand — pour tout ce qui concerne l'essentiel — est immuable, intangible, irréductible. Même quand il peint le portrait de sa femme Van Eyck exprime l'essentiel de l'âme flamande, avec ce que je ne sais quoi d'immuable qui se retrouve dans ses Christ, dans ses Vierges et dans ses personnages. Il traduit un sentiment général. Le tempérament wallon est différent. L'intelligence prédomine sur l'instinct et c'est en cela qu'il est tout proche du français. Il est par conséquent beaucoup plus individualiste.

Même pour ce qui concerne l'essentiel, même en religion, même dans le génie de sa langue, parce qu'il sent à sa manière propre au moins autant qu'il ne sent comme sa race et son groupe, il est soumis à toutes les variétés, à toutes les évolutions, parfois aussi à tous les caprices du tempérament individuel. Le Flamand ne s'est jamais assimilé un mot étranger que par nécessité pratique et avec une sorte de répugnance, toujours par utilité, non par goût. La langue française est au contraire par nature assimilatrice. Dans l'Histoire de France, on voit évoluer même la conception du catholicisme. Il est tantôt libéral et tantôt intolérant, tantôt romain et parfois gallican. En Flandre flamande, c'est un bloc : de la prière et de la domination.

C'est pourquoi l'on comprend que l'œuvre de Roger de la Pasture, si grave qu'elle ait été, contienne beaucoup de variété. L'œuvre de Mabuse est la variété même. Et c'est une particularité importante : Le vrai Flamand évolue très peu. Il s'appuie sur l'instinct beaucoup plus que sur sa propre individualité. C'est la condition nécessaire de son œuvre. S'il se laisse aller aux jeux de l'esprit, au dilettantisme, il se stérilise. Ces curiosités sont contraires à sa nature propre. Ses voyages doivent être courts. S'il va s'installer loin de son pays, il perd beaucoup de ses qualités.

La souplesse d'esprit et les facultés d'assimilation sont au contraire la condition même de la vie pour le tempérament wallon. Au rebours de l'instinct, — qui est immuable — l'intelligence est en perpétuel devenir. On ne conçoit pas les qualités de grâce, d'esprit, de fantaisie et de charme sans une assimilation, un renouvellement et un jaillissement perpétuels.

Quand les musées se décideront à grouper dans les mêmes salles, d'une part les Flamands proprement dits et, d'autre part les Wallons, les ressemblances ne cesseront pas d'êtres sensibles, mais les différences deviendront plus manifestes entre l'un et l'autre aspect du génie national belge.

Mabuse, à nos yeux, représente ce tempérament de franco-flamand. Il n'a ni la profondeur, ni la beauté stable et souveraine d'un Van Eyck, mais il est sérieux, intelligent, séduisant, gai, sensible et varié.

Toutes ces caractéristiques ne sont dignes d'êtres notées que parce qu'il est un très bon peintre, en quoi d'ailleurs il demeure de bonne tradition flamande et franco-flamande. Il est intelligent et assimilateur. Il a du goût. Il voudrait faire preuve d'imagination.

Mais il n'a pas cette sorte d'imagination instinctive, élan vers un idéal profond qui transporte et illumine les grands Primitifs flamands. C'est un esprit souple, psychologue à ses heures, voyageur qui comprend vite et s'intéresse à beaucoup de choses, intermédiaire et vulgarisateur de civilisations très diverses. De l'école de Bruges et d'Anvers, il est passé aux Italiens, Vénitiens ou Lombards. Il a eu le pressentiment de l'art des Bolonais.

Cette évolution perpétuelle ne comporte ni désordre ni contradictions. Tel était son tempérament personnel et tel est encore aujourd'hui l'esprit de sa race. Disparate en apparence, son œuvre est d'une logique parfaite. C'est l'œuvre d'un artiste individuel en accord avec ses ascendants mais indépendant, varié, curieux de nouveautés et susceptible comme, le sont tous les intellectuels, de profonds et brusques changements. Ce qu'il y a en lui de plus atavique et par conséquent de plus stable, ce sont les qualités de vision, l'amour du beau métier, du beau dessin, de la bonne facture, le tempérament de coloriste, la probité professionnelle, le scrupule de l'ouvrage bien fait. Ce qu'il y a de personnel, c'est le goût de la nouveauté, l'aptitude à suivre même les variations de la mode.

LE PORTRAITISTE

Tel étant Mabuse, il devait exceller dans le portrait.

Le peu d'imagination?... ce n'est pas un défaut pour un portraitiste. La quasi-impossibilité de se libérer du modèle particulier pour inventer un type général et de signification universelle?... encore une qualité pour un portraitiste proprement dit. Le caractère individuel de sa sensibilité devant chaque motif, et par conséquent la variabilité de ses impressions selon l'heure, le milieu, la période de son évolution et les diverses influences qu'il a subies?... encore et toujours qualité de portraitiste!

L'un des éléments les plus importants de la supériorité des tableaux de la première manière (notamment de l'*Adoration des Mages*) ce sont les portraits qui s'y trouvent. Dans tous ses tableaux, l'une des qualités les plus éminentes de Mabuse c'est encore la fidélité au motif, l'exactitude du décor, l'étude minutieuse du modèle. La quasi-impossibilité de s'abstraire du modèle pour peindre l'idéal l'a empêché d'inventer de grands types idéaux, notamment en ce qui concerne les Saints et les Vierges, mais cette particularité de son esprit devait le servir dans la peinture de portrait.

Ce défaut d'imagination n'empêche cependant pas Mabuse d'être un arrangeur subtil. Avant de peindre ce qu'il voit, il procède à la toilette de son motif et c'est ainsi que la *Vierge de Munster* et la *Vierge au voile* donnent l'illusion du type par l'arrangement précieux et joli des draperies, de l'attitude, du geste et des accessoires eux-mêmes.

Dans tous ses portraits il se montre homme de goût et il sait éliminer l'inutile pour atteindre à l'essentiel et au style.

LE PORTRAIT DE CARONDELET

Il est daté de 1517. Carondelet était l'ami des artistes. Outre les trois portraits peints par Mabuse qui nous ont été conservés, il en existe encore au moins deux autres : celui du Musée de Munich, qui est probablement de Van Orley, et celui de la collection Duchatel, qu'on attribue à Van Cleve. Il était né en 1469 et mourut en 1544. Son tombeau où il est représenté en gisant revêtu des ornements épiscopaux se trouve à Bruges. C'est le seul portrait de Mabuse qui soit signé et daté. Il est par conséquent d'une importance capitale. On peut certes trouver d'autres points de comparaison en étudiant ceux des personnages des autres tableaux signés et datés qui nous donnent la sensation très nette d'avoir été exécutés devant des modèles vivants. Il n'en est pas moins vrai que le Carondelet de 1517 étant uniquement et proprement un portrait est une pièce capitale. Il est intact dans son cadre ancien.

On remarquera que ce portrait est le premier dont la signature sur le cadre soit en lettres romaines « Johannes Melbodie Pingebat ». L'*Adoration des Mages* était signée en lettres gothiques.

Dès le premier examen du portrait conservé au Louvre nous sentons que le but principal du peintre a été de traduire une expression morale identique à celle du modèle autant que d'obtenir la ressemblance physique. C'est au service de cette double préoccupation qu'il a mis tous les dons de coloriste et d'exécutant que la nature et l'étude lui avaient départis.

Étudions donc avec soin ce portrait. Carondelet se présente presque de face, la tête légèrement tournée vers sa gauche, l'épaule droite s'avançant un peu, l'épaule gauche un peu en retrait. Le cadre coupe le portrait un peu plus haut que le coude. On ne voit qu'une partie de la manche droite, mais on voit entièrement les deux mains qui sont jointes dans le geste de la prière et qui jouent dans le tableau un rôle presque aussi important que celui du visage.

Il porte un vêtement noir. Un lacet attache les deux extrémités du collet gris-bleu de la veste noire, qui est presque entièrement recouverte par un manteau que caractérisent un ample col de fourrure et, aux deux manches, deux parements de la même toison. Au-dessus de la tête, le panneau de bois s'arrondit en cintre. La mise en toile est par conséquent de la plus grande simplicité. Nul désir d'étonner ni de faire montre d'une originalité. C'est le portrait classique, traditionnel, le portrait tranquille et honnête.

Il donne tout de suite l'impression de la sincérité. Ni brutalité, ni maniérisme. On sent un regard lucide qui interroge le modèle pour l'interpréter d'une façon véridique. Si nous en croyons ce portrait — et il nous donne toutes garanties de loyauté — Carondelet, en 1517, était un homme d'à peu près 5o ans et avait le visage construit avec ampleur et simplicité. Le front était ample et droit, les pommettes larges et un peu saillantes. Les joues rasées offraient une assez grande surface à cause des maxillaires qui se prêtaient à un beau dessin et à un beau modelé. Le menton était volontaire, presque carré, et cependant assez charnu, l'arcade sourcilière vaste, les yeux bien fendus et le regard franc, le nez assez fort avec une arête proéminente à la

JEAN CARONDELET.
(*Musée du Louvre, Paris*)

naissance et un développement assez ample à la base. Le bout en était rond. La bouche était large, bien dégagée du nez, entièrement visible à cause de l'absence de tout poil, marquée à ses extrémités d'un point d'ombre. La lèvre supérieure était assez mince, la lèvre inférieure beaucoup plus forte et la commissure nettement marquée par la différence même de la forme des lèvres. Des cheveux grisonnants, peu abondants et à plat sur le sommet de la tête retombaient en petites boucles mieux fournies sur les tempes et sur la nuque.

L'expression morale était calme, grave, placide, réfléchie et même recueillie. On sent un brave homme et un homme d'étude. Ce visage a pensé. Il a réfléchi. Il reflète une vie intérieure exempte de fièvre, d'inquiétude et d'agitation. Ce devait être un ami sûr et un conseiller plein de bon sens.

Sur le revers du portrait, Mabuse a peint d'un côté les armes de Carondelet, et de l'autre côté un crâne posé sur une tablette, dont la tranche porte l'inscription : Matura. Au dessus de ce crâne un cartouche porte un texte de saint Jérôme et la date 1517. On peut rapprocher de cet emblème funèbre et très fréquent au XVIe siècle le revers du petit triptyque « à cinq imaiges » par Roger de la Pasture et acquis en 1913 pour le Louvre. Au musée de Lille, un autre portrait du XVIe siècle porte au revers la même composition funéraire sur un fond violâtre qui est curieux.

Pourquoi ce portrait de Carondelet est-il un magnifique portrait ? Parce que Gossart a cherché et trouvé le caractère par le modelé et par le coloris, c'est-à-dire par des moyens proprement picturaux.

Rien de plus simple, de plus sobre, de plus précis ou de plus juste que ce magnifique modelé. On a une impression de poids et de consistance. La construction de la tête est solide. La boîte crânienne, les pommettes, les maxillaires et le menton forment à ce visage une armature solide. Les chairs sont souples, peut-être un peu molles, mais on sent que cette mollesse n'est pas imputable à l'exécution, extrêment nerveuse au contraire et parfaitement véridique, mais à l'âge du modèle qui a commencé de détendre un peu les muscles qui retiennent et tendent la peau. Le nez est proéminent et se détache dans toute la netteté de son dessin et de son volume. Les lèvres sont rebondies dans la mesure où elles doivent l'être, les plis un peu détendus qui se jouent autour de la bouche sont saisis dans leur vérité tranquille. Les arcades sourcilières sont très creuses. Le dessin de l'os que recouvrent les sourcils est net et obtenu « par en dessous », par un travail du pinceau qui donne l'impression de se poser sous l'épiderme. Le dessin des yeux (si particulier chez Mabuse) est méticuleux mais sans petitesse. L'ensemble est d'une exécution grasse, souple, abondante et large.

Quant aux mains (toujours si particulières chez Mabuse) elles sont lumineuses et vivantes, le dos bombé sans excès, les doigts longs et souples, presque en pointe à leur extrémité, les phalanges nettement séparées par l'indication des plis de la peau avec un je ne sais quoi de bulbeux et d'annelé. Remarquez la façon dont les deux pouces se replient. Nous la retrouverons souvent dans les portraits de Mabuse, notamment dans un portrait d'homme âgé au Louvre et dans l'autre portrait de Carondelet retrouvé dans une collection de Vienne, par M. James Weale.

Toutes ces particularités sont nettement caractéristiques et elles sont obtenues par le modelé. Rien de graphique, rien de linéaire, rien, par conséquent, qui puisse se confondre avec l'art d'un graveur comme Holbein, comme Durer ou même avec l'art d'un Cranach. C'est la vision d'un Wallon, je veux dire d'un Français du Nord, vision qui, à mes yeux, ne se confond pas du tout avec la vision d'un Français méridional ni même de la région parisienne.

Cette vision proprement picturale se comparerait à bon

droit à la vision des peintres flamands proprement dits (essentiellement coloristes) si une sorte de mesure et de goût français ne retenait le pinceau qui, dans les œuvres flamandes proprement dites, a toujours une tendance à jouer avec la couleur et à s'enivrer de ses propres éclats. Comparez un instant par la pensée, et du seul point de vue couleur, la petite vierge violette de Quentin Metsys au Musée d'Anvers et le portrait de Carondelet au Musée du Louvre, vous sentirez une différence foncière de tempérament. L'un s'abandonne (et comme il a raison !) et l'autre se modère. Tous les deux sont des coloristes-nés, mais « la raison » ou plutôt le goût de la mesure tempère le pinceau de Mabuse, tandis que Metsys — comme sera plus tard Rubens — se donne carrière et s'enivre de son plaisir pictural.

Regardons de près le coloris de ce portrait de Carondelet. Sur un fond presque noir, mais où l'on sent un peu de brun, le vêtement se détache avec vigueur, rehaussé par la fourrure tigrée d'un gris tacheté de noirs-bleus, avec de petits accents de gris-bleu (au col par exemple) et une gamme délicieuse de gris-bleutés, qui chantent notamment sur la toque et à l'extrémité des manches. C'est sur cette harmonie très fine que le visage lumineux et les mains très claires font valoir leurs prestigieux modelés. Cette harmonie de couleur est certainement moins originale et moins puissante que ne le sont celles de Metsys, mais comme elle est tout de même vigoureuse et picturale! Cette comparaison sert à bien fixer pour l'esprit des différences de tempérament qui concordent avec des différences de race.

DE LA TECHNIQUE DE MABUSE
A PROPOS DES DEUX AUTRES PORTRAITS
DE CARONDELET.

Il n'y a aucun doute. Ils ont été peints par Gossart. L'un fait partie de la collection Léopold Hirsch à Londres. Il paraît avoir été fait une dizaine d'années avant celui de Paris. Cela fixerait la date aux environs de 1507. C'est bien le même personnage : les yeux, le nez, la bouche, l'attache du cou, le menton, le dessin des maxillaires, les mains et même les cheveux et la façon de les coiffer l'indiquent avec évidence.

C'est la même façon de mettre en toile. Dans ce portrait, Carondelet se présente comme à Paris de trois-quarts, mais tourné de l'autre côté. C'est la même manière de traiter les mains, les vêtements et le visage, la même façon de se servir du fonds pour relier et faire valoir les autres tons du portrait. Les deux tableaux sont identiques d'esprit, de facture et d'âme.

Dans le portrait de la collection Léopold Hirsch, le vêtement est gris-vert-bleuté avec des gaufrures que le peintre a obtenues par des retours du pinceau, le toquet est noir, le fond est vert-sombre-bleuâtre. La fourrure est grise et fauve. Les mains, minutieuses et belles, sont croisées de la façon qu'affectionnait Mabuse. Tout est obtenu par le modelé. La technique de ce portrait de Carondelet jeune est exactement la même que celle du portrait de 1517.

C'est, au contraire, parce que cette technique est toute différente dans le portrait d'homme de la collection Percy Macquoid à Londres, comparé par M. Wauters au chevalier de la Toison d'Or d'Amsterdam, que nous n'avons pas admis qu'il soit attribué à Mabuse.

Ce portrait est sur fond vert. Le modèle est vêtu d'un pourpoint jaune dont les gaufrures sont indiquées par des traînées de pinceau plutôt que par le modelé. Cela se rapproche d'un art graphique. Le pinceau ne se joue pas dans la pâte pour obtenir des effets précis. Il indique et passe. Le Collier de la Toison d'Or est d'un joli jaune mais sec. Mabuse n'est jamais sec. La matière du cou et du visage est mince et brillante, mais elle n'est pas comme soulevée là où il le faut par la perfection du modelé. Cela est plat et un peu sommaire. La bouche est d'un seul ton ou à peu près. Les yeux et le nez sont d'une autre vision que celle de Mabuse. Ni autour des yeux, ni autour de la bouche, on ne sent ces mouvements de muscles par lesquels Mabuse individualise toujours son modèle. Les cheveux et la fourrure qui sont jolis semblent faits à la plume.

Cela n'empêche point que ce portrait ne soit intéressant et d'un accent assez vivant, mais ce sont d'autres moyens d'expression que ceux que nous font connaître les œuvres de Mabuse signées et datées par lui. Il ne nous montre pas cette méticulosité amoureuse du beau travail. Cela est juste, mais non sans sécheresse comme dans maintes peintures de maîtres allemands. La fourrure manque de précision. Elle n'a pas été exécutée avec amour. Elle n'est pas individualisée. C'est presque une teinte plate que surmontent quelques poils se hérissant de profil. Enfin, les retroussis de linge, autour des manches, bien qu'ils soient assez jolis, ne sont pas d'un sentiment tendre. C'est vite fait. Comparez avec les retroussis des chemisettes des enfants de Christian IX,

Jean Carondelet.
(Coll. de M. L. Hirsch, Londres)

Portrait d'un gentilhomme.
(Musée Royal des Beaux-Arts, Anvers)

vous sentirez toute la différence entre le travail par indications et la facture lente et soignée.

Cette exécution rapide, presque par teintes plates et par dessus tout cette absence de tendresse dans le modelé écarte nettement à nos yeux le nom de Mabuse. Il en est de même pour *L'Eléonora*, sœur de Charles V, reine de Portugal et ensuite reine de France qui se trouve à Hampton-Court.

Si on ne l'examine que superficiellement, les analogies sont nombreuses : le fond vert, le costume assez comparable à celui de Jacqueline de Bourgogne, la façon dont les mains sont croisées, les bourrelets pâles et rebondis des lèvres et aussi la matière mince et brillante.

Mais un examen plus attentif ne laisse pas de doute. D'abord le manque de précision, surtout dans les arcades sourcilières, le dessin des yeux et du point lacrymal, le dessin des paupières, la façon de modeler autour des yeux. Dans ce portrait-ci, le dessin du nez est mou et non par occasion, on le sent, mais parce que c'était la façon de voir du peintre. De même pour la bouche, qui est vue d'une autre façon que celle de Mabuse. On ne retrouve la manière de Mabuse, ni dans les yeux, ni dans les points d'ombre aux commissures des lèvres, ni dans les mouvements des muscles autour de la bouche. On ne retrouve surtout pas la façon de faire saillir les modelés par une caresse du pinceau.

Le modelé de la poitrine décolletée est presque creux. Il est en pleine lumière, sans jeux d'ombre ni de nuances. C'est une facture d'habile homme, ce n'est pas une vision de peintre. De même ni les mains ni les doigts n'ont le modelé de Mabuse. Pour le vêtement, c'est encore plus caractéristique. Ce corsage gris-verdâtre et jaune est orné de gaufrures qui sont exécutées d'une façon graphique, presque linéaire, pas du tout obtenues par le modelé. De même pour les crevés rouges à fils d'argent. Cela est d'un dessinateur et d'un graveur plutôt que d'un peintre. Ce n'est pas de Mabuse.

Nous retrouvons au contraire la technique de ce peintre dans le troisième portrait de Carondelet reconnu par M. James Waele et qui formait diptyque avec le Saint-Donatien du musée de Tournai.

Ce troisième portrait nous montre un homme d'environ soixante ans. La date se fixe donc aux environs de 1527. Chose importante à constater : De 1507 à 1517 et de 1517 à 1527, la main ni l'œil n'ont changé. Quelle meilleure preuve voudrait-on que c'est dans les portraits qu'il faut chercher l'essentiel de la personnalité de Gossart ! 1507 est la date probable du triptyque Malvagna et 1527 est la date certaine de la Danaë de Munich. Si l'on en juge par les sujets et même par l'esprit, quel changement, dira-t-on, quelle volte-face ! Oui, sans doute, et cependant les trois portraits de Carondelet d'une si parfaite et si étroite unité nous disent que malgré tous les changements dans les idées, le goût et la mode, une chose est demeurée immuable, et c'est ce qui était essentiel chez Mabuse, ce qui formait le caractère primordial de son tempérament : sa vision de peintre. Sur ce point, il a été invariable. Ce qui dépendait de son intelligence était mobile et aussi ce qui dépendait de son cœur et de sa sensibilité, mais son tempérament de peintre et sa technique sont demeurés les mêmes comme était demeurée la même, la structure physique de son œil.

Dans ce troisième portrait, Carondelet se présente presque de face, mais légèrement tourné vers sa droite, comme dans le portrait de la collection Hirsch. Il est vêtu d'un surplis blanc, bordé de fourrure à l'extrémité des manches, et ses deux mains, qui tiennent un livre entr'ouvert, se présentent en bas et vers la droite du tableau comme dans le portrait du Louvre. Les mains ont vieilli mais les doigts se replient de la même façon et leur forme est demeurée la même. Ce sont les mêmes mains.

Le visage aussi est demeuré le même dans sa structure et dans ses traits essentiels. Les chairs se sont encore détendues, les lèvres se sont serrées, les yeux sont moins vifs, le cou a

Saint Donatien.
Volet de gauche d'un diptyque.
(Musée de Tournai)

moins de jeunesse, mais c'est la même attache et le même profil. Il n'y a aucun doute, c'est Carondelet vieilli de dix ans.

Et il a vieilli dans le caractère que Mabuse avait saisi et fixé dès vingt ans auparavant. C'est la même expression calme, placide, réfléchie, moins ardente comme il est naturel, et moins sensible, mais indulgente et douce, d'une bonté manifeste, d'un bon sens évident.

L'autre moitié du diptyque que l'image de saint Donatien formait autrefois avec le portrait de Carondelet, se trouve au musée de Tournai.

Si les analogies matérielles de ces deux panneaux et les armes de Carondelet sur le revers du *Saint-Donatien* ne donnaient à croire que les deux tableaux ont été exécutés en même temps et pour former une œuvre unique offrant la même disposition matérielle que le diptyque du Louvre, on aurait une tendance à croire que le *Saint-Donatien* est sensiblement plus ancien. Revêtu de sa lourde chape orfévrée, la crosse en main, la mître en tête, portant sur la poitrine un énorme quignon d'orfèvrerie et tenant dans la main une roue de bois sur laquelle cinq cierges sont allumés, ce *Saint-Donatien* évoque invinciblement le souvenir du chanoine Van der Paël dans le tableau de Bruges. On remarquera que tous les ornements : châsse, crosse, mître, quignon sont du style gothique et même d'un gothique sévère très différent du gothique flamboyant ou des fantaisies à la manière gothique comme nous en avons trouvé si souvent dans les détails ornementaux et les architectures qui enrichissent certains tableaux de Mabuse. Nous nous trouvons ici devant une œuvre extrèmement grave, très serrée de dessin et de modelé, de tradition et d'accent gothiques, et qu'on croirait volontiers presque contemporaine de l'*Adoration des Mages*.

Faut-il croire que celui qui faisait à Mabuse commande du *Saint-Donatien* spécifia qu'il le voulait dans ce caractère traditionnel et que Mabuse, esprit souple, réussit à se placer à nouveau — à vingt ans de distance — dans l'état d'esprit où il se trouvait quand il peignait l'*Adoration des Mages*?...

Faut-il penser que l'ecclésiastique qui posa devant Mabuse tint à se revêtir de ces ornements gothiques et que — peintre soumis au caractère du modèle — Mabuse, devant ce visage de vieil homme et ces ornements sacerdotaux, se retrouva pareil à ce qu'il avait été vingt ans auparavant?...

Doit-on admettre que le panneau du *Saint-Donatien* a été peint en effet avant le voyage en Italie et que, plus tard, vers 1527, il prit au peintre la fantaisie de composer et de peindre un second tableau réprésentant le portrait du Carondelet et formant diptyque avec cette peinture ancienne?... En ce cas, les armes de Carondelet sur le revers de *Saint-Donatien* seraient-elles contemporaines du premier panneau ou du panneau plus récent?... Il ne m'a pas été donné de tenir en main les deux tableaux pour comparer les bois, et juger par approximation de leurs différences et de leurs analogies. Il n'y a d'ailleurs que leur identité qui serait un argument : les différences ayant pu exister à toute époque. Le champ des suppositions est illimité. Malgré les similitudes matérielles, on sent entre ces deux tableaux des dissemblances morales. Ces dissemblances d'ailleurs ne sont pas tellement graves que l'on ne puisse se ranger à l'opinion de ceux qui acceptent pour les deux tableaux la date que suggère l'âge de Carondelet.

De toute façon, une remarque s'impose :

Dans ce *Saint-Donatien*, l'énergie et la précision de Van Eyck se retrouvent avec un je ne sais quoi de plus direct et de moins universel. Or devant le double portrait sur fond vert signé et daté de 1434, par Van Eyck, à la Galerie nationale de Londres, on sent avec intensité tout ce que Gossart et ses émules devaient à Van Eyck. La façon de draper, de traiter les fourrures, d'obtenir et de faire chanter les rouges-grenats du manteau de l'homme, et même la façon d'exécuter les visages et les mains ont été utilisées avec profit par tous les successeurs de Van Eyck. Dans le tableau de la National-Gallery, les mains, peintes par Van Eyck, sont d'un type très différent de celles de Mabuse. Elles sont beaucoup plus longues et amincies vers le haut. Cependant les mains de Mabuse s'affilient — à travers Memling — à celles de Van Eyck. Les poils du chien gris, dans Van Eyck, sont traités comme le sont les fourrures dans les portraits de Mabuse. Le lustre de cuivre est en lumière froide comme il arrive si souvent que soient les objets dans les tableaux de Mabuse.

Dans le *Saint Donatien* le visage fait penser à un aigle vieilli mais encore très énergique malgré son âge avancé. Le ton de la chair est devenu terne, d'un gris à peine rosé que l'on sent véridique. La chape est à fond rouge, mais les orfrois dorés d'un jaune-verdâtre en occupent presque toute la surface. Le quignon, la mître et la croix processionnelle enrichie de rubis sont aussi de cet or verdâtre. L'éclat des pierres de couleur est riche et assourdi. Le fond en imitation de marbre est rouge sombre. L'ensemble est sobre et puissant. Le gant de peau verdâtre qui recouvre l'une des mains est du même caractère sobre, riche et vigoureux.

Peut-être retrouve-t-on dans les yeux quelque chose de l'asymétrie qui, dans le portrait du Louvre, est si caractéristique. Les petites boursouflures, mouvements de muscles autour de la bouche, sont nettement de Mabuse. Les doigts annelés et bulbeux de la main nue sont exactement du type de Mabuse.

LE BÉNÉDICTIN DU LOUVRE

N'oublions pas, d'ailleurs, que le *Bénédictin* du Louvre est daté de 1526 et que, toutes proportions gardées, — l'un des costumes étant très somptueux et l'autre d'une pauvreté monastique — le portrait du Bénédictin est exécuté avec autant de sérieux, de sobriété, d'attention minutieuse, de science et de force vraie que le *Saint-Donatien*.

Ce Bénédictin se présente presque de face (comme c'est la coutume de Mabuse), légèrement tourné vers sa droite, le visage complètement rasé, le crâne nu, mais avec une touffe de cheveux châtains presque jaunes qui devaient former la couronne, mais qu'on ne voit qu'au-dessus de l'oreille gauche. Le portrait est coupé par le cadre au-dessous du coude. On ne voit qu'une partie des manches et les deux mains jointes qui se dressent, les doigts presque tout à fait droits dans le geste de la prière. Son vêtement est drapé avec autant de soin et autant de méticulosité que celui du *Saint-Luc* de Prague, que l'on s'accorde à dater de 1515. La technique en est aussi soignée, aussi sérieuse, aussi grasse et aussi souple que la technique du *Carondelet* de 1517. La main n'a pas changé.

Du point de vue couleur, ce portrait est presque trop grave pour être très séduisant. Peut-être le visage a-t-il perdu

de sa fraîcheur à la suite de restaurations. A première vue,
il paraît pauvre, mais l'admiration grandit à mesure qu'on le
détaille. La robe monastique est sombre mais d'un gris moelleux
et drapée avec un soin savant. Les mains, le visage et les lèvres
sont d'un rose pâle comme déteint. Les chairs sont de teinte
un peu jaune. Les prunelles sont jaunes. C'était un roux, on le
sent. C'est le teint d'un roux. Le modelé est simple et prestigieux. Arcades sourcilières, arête du nez, convexité du front et du
crâne, pommettes et maxillaires, tout est sobre, vigoureux, puissant et simple. Les mains sont admirables.

Portrait d'un bénédictin
(*Musée du Louvre, Paris*)

L'HOMME AUX FAUSSES ARMOIRIES

Ce portrait du musée d'Anvers a été longtemps l'occasion d'une énigme aujourd'hui résolue. Ce portrait est de Mabuse.

Les observations qu'il nous suggère nous serviront à faire mieux comprendre quel a été notre critérium pour admettre comme étant de Mabuse certains tableaux et, a contrario, pour en écarter d'autres, malgré une longue possession d'état et des analogies séduisantes.

Sur fond vert, il est coiffé d'un chapeau noir avec un affiquet d'or très peu apparent. On distingue (avec quelque difficulté) une sorte de résille jaune d'or qui se confond presque tout à fait avec l'indication des cheveux sur la tempe gauche. Son manteau est vert, très comparable, pour le drapé et pour la facture au manteau du Bénédictin du Louvre. Cette facture est d'un sentiment grave et profond. Elle ne ressemble en rien à une brillante improvisation. Le pourpoint et les bouts de manche sont jaunes d'or, d'un jaune chaleureux et discret, très comparable à certaines tonalités de l'*Adoration des Mages*. C'est un jaune somptueux et sobre, d'un accent très personnel. Ce jaune fait penser à certains velours de Gênes. Regardée de près, l'exécution est assez ample et faite largement bien que par petits coups de pinceau. De loin, cela paraît précieux, minutieux et fait penser à la facture des miniatures dans les livres d'Heures ou aux orfèvreries dans l'*Adoration des Mages*. C'est une particularité caractéristique.

Les mains sont très significatives de Mabuse. La gauche se replie sur une pomme de canne verdâtre, tachetée d'ornements gris-blancs, et le bâton jaune forme, avec le jaune des manches, un rappel très discret mais important des jaunes nécessaires à la stabilité de couleur de l'ensemble. Les deux manches et le pourpoint forment une sorte de triangle très peu apparent mais qui assure l'ensemble. Aucune dispersion de pensée ni de couleur. Il est un point sur lequel on ne trouvera jamais Mabuse en défaut : c'est le goût en ce qui concerne proprement la couleur.

La bordure de la chemisette ressemble nettement par la facture à celle d'Anne de Berghes au Musée de Bruxelles. Faite assez largement, si on la regarde de près, d'aspect minutieux et précieux si l'on s'éloigne. Cette facture est très caractéristique d'un tempérament particulier, peut-être même d'une particularité physique de l'œil. Rien de linéaire ni de graphique. On sent que l'artiste étend d'abord avec son pinceau une matière mince, peut-être étendue d'une sorte d'essence qui la rend fluide, en tous cas peu alourdie par une qualité d'huile qu'il choisissait certainement transparente et légère. On devine qu'après avoir étendu cette matière lubrifiée, l'artiste travaillait rapidement, sans repentirs, avec aisance et rapidité. De près le procédé est visible. A peine prend-on son recul que tous les plis du linge apparaissent avec leur forme, leurs ombres réciproques et leur souplesse individuelle et collective.

Je crois sentir dans ce travail de la main une sorte de phénomène psychique. Gossart, en travaillant, ne s'attachait pas à copier directement ce qu'il voyait, il envisageait mentalement l'effet que produirait, à distance, le travail d'exécution qu'il ne pouvait juger lui-même pendant l'exécution. C'était déjà un pressentiment des procédés de l'expressionnisme moderne. Cette remarque n'est pas à dédaigner si l'on songe que la plupart des peintres de l'école d'Holbein (qui forment le gros des attributions données par erreur à Mabuse) n'offrent jamais cette particularité. Que ce soit de près ou de loin, leurs tableaux, dans toutes leurs parties, sont ce qu'ils sont. Il n'y a pas exécution indirecte en vue de la reconstitution dans l'œil du spectateur d'un effet prévu par l'artiste.

Cette particularité de vision est propre à certaines catégories d'artistes et l'on conçoit facilement que — si elle existe — il soit nécessaire de la retrouver toujours et partout, d'autant plus qu'elle exige une disposition particulière de l'œil, un long apprentissage de la main et que, une fois acquise, cette particularité d'exécution devient une habitude constante et inaliénable.

Quant au modelé du visage, il tient le milieu entre l'ampleur et l'onctuosité du Carondelet de 1517 et la précision minutieuse et presque académique du Bénédictin de 1523. Cela est moins savoureux que Carondelet, et cela est moins précis que le Bénédictin. Remarquons cependant que cette précision est encore plus que suffisante. On ne sent pas, comme dans le Bénédictin, la reconstruction anatomique de la boîte crânienne, des pommettes, des maxillaires et du menton. Cependant, c'est la même vision et la même main : dans ce visage, maigre et osseux, la construction est très apparente, les ombres sont décidées et les lumières très nettes.

La bouche est très caractéristique. On sent une manière de voir propre à l'artiste. Il y a certains détails qui attirent particulièrement l'attention. Un peu d'ombre bleuâtre se joue tout le long de la commissure des lèvres, cette ombre se précise par deux points aux deux extrémités de la bouche. Qu'elles se relèvent (comme il est le plus fréquent) ou qu'elles s'abaissent, ces deux extrémités sont toujours précisées soigneusement. C'est l'un des points qui, pour Mabuse, ne passent jamais inaperçus. Le dessin en est aussi très caractéristique, à la fois précis et moëlleux, avec une tendance à donner à la lèvre inférieure une importance plus grande par le renflement et le jeu d'ombre que détermine presque toujours la ligne médiane du menton.

Autour de la bouche — surtout quand le sujet n'est plus très jeune — il y a souvent une détente ou une rétention des muscles. C'est l'occasion d'un modelé caractéristique auquel Mabuse ne manque jamais. On remarquera dans ce portrait, à droite et à gauche de la bouche, deux minuscules bourrelets, sorte de mouvement de la peau légèrement soulevée par les muscles. Mabuse les a notés avec précision et *par le modelé*.

Voir par la lumière et par les ombres est encore une façon de voir par le modelé. On remarquera dans ce portrait les ombres du nez, de la joue gauche et de l'oreille gauche. Cette oreille est délimitée par les ombres avec précision et délicatesse. Elle est travaillée avec un pinceau fin qui se joue dans la pâte. Elle n'est pas du tout vue dans sa masse et exécutée à la brosse.

Les yeux sont aussi nettement délimités que la bouche, et aussi par un pinceau très fin. Le point lacrymal est toujours regardé avec attention et fixé soigneusement. Le dessin des paupières, de la bordure où naissent les cils et le modelé de l'arcade sourcilière sont également caractéristiques.

Même désir de précision et même préoccupation de beau modelé à l'attache du cou et à la naissance de la poitrine qui, dans ce portrait, est assez largement décolletée. Gossart aime que la peau colle sur les os et qu'on sente la possibilité de rétraction du réseau des muscles. Il aime à faire saillir les tendons, à creuser les fossettes, et il joue avec adresse des lumières froide qui, à notre droite, baignent presque toute la moitié gauche de ce portrait.

Les mains sont faites avec un pinceau de moyenne grosseur, moins fin que pour les yeux, la bouche et les oreilles, propre cependant à un modelé minutieux, peut-être un peu sévère. Gossart aime à voir en raccourci le dos des mains et à replier les doigts. Comme Memling, il excelle à noter des plis qui séparent chaque phalange. Il aime que ces phalanges soient individualisées, que les articulations soient sensibles et se prolongent avec je ne sais quoi de bulbeux vers la pointe des doigts. Les lumières froides et le jeu des ombres lui servent à obtenir la précision qui fait partie de sa manière de voir et de peindre. Il donne au contraire peu d'importance aux cinq saillies d'articulation de la naissance des cinq doigts sur le dos de la main. Fréquemment il les escamote, soit en les plaçant en pleine lumière, ce qui supprime le modelé des ombres (comme c'est le cas dans ce portrait-ci) soit en retournant la main de façon à ce qu'on ne voie que les doigts.

Dans son ensemble ce portrait nous apparaît comme une œuvre grasse, attentive, précise, presque minutieuse, mais où se révèle de la facilité et même de la virtuosité. Le drapé du manteau vert est onctueux et souple. Il y a un je ne sais quoi d'amoureux dans cette onctuosité si dénuée de fadeur. Ce n'est pas d'une sensualité fougueuse, ni même d'une sensualité cérébrale. Cette technique révèle plutôt l'amour du beau métier, le goût des choses bien faites, la tranquillité d'esprit d'un bon ouvrier qui se complaît à voir et à exécuter en peintre.

LE PORTRAIT DE VAN EEDEN
A ANVERS
ET LE PORTRAIT D'HOMME DU LOUVRE

Pour que le lecteur puisse se rendre compte du critérium en vertu duquel nous avons écarté de notre étude sur Mabuse certains tableaux qui, depuis longtemps, lui sont attribués, même par les catalogues de Musées, il n'est guère de meilleur exemple que le petit portrait d'homme attribué à Gossart par le catalogue du musée d'Anvers.

Ce portrait a été longtemps en possession d'état. Aujourd'hui encore, il porte sur son cartouche le nom de Gossart. Si l'on n'en jugeait que par la reproduction photographique il y aurait lieu de se tromper. A l'aspect de la peinture nous concluons que ce portrait n'est pas de Mabuse. Essayons de dire pourquoi.

Nous reconnaissons qu'il entre dans notre façon de juger des éléments moraux qui échappent à tout contrôle certain. A nos yeux cependant le doute n'est pas possible.

Ce portrait révèle une autre façon de voir et une autre façon d'exécuter. Plus de lumières froides. Toute la peinture se joue dans un ton ambré presque doré, presque rembranesque. Le fond vert n'a plus cette individualité qu'exige un œil interrogateur, soucieux avant tout de la précision du ton. Ce vert est assez joli mais vague. La chemisette, si on la regarde de près, n'est pas du tout traitée comme dans le portrait de *l'Homme aux fausses armoiries*. Cela est fait de façon beaucoup moins artiste, sans le tour de main du spécialiste, et, quand on prend du recul, perd l'aspect précieux des chemisettes plissées par Mabuse. Cette guimpe a été vue par la teinte — et non par le ton. Le travail dans la pâte, si personnel à Mabuse, n'existe pas.

Les mains sont aussi vues par la teinte, non par le ton, et sans retours du pinceau. Elles ne sont pas d'un mauvais modelé, mais elles sont d'un modelé sommaire, sans finesse et sans précision. Elles font une jolie note. Elles ne peuvent pas lutter avec les mains faites par Gossart.

Le visage offre les mêmes caractéristiques. Il a été vu par la teinte et précisé sommairement dans cette teinte. Mabuse procédait par le ton.

Plus rien du dessin si caractéristique de la bouche. C'est une autre manière. La bouche de ce petit portrait est délimitée par une tache particulière — rose — dans la tache générale du visage, et les deux lèvres sont séparées par un petit trait d'ombre. On ne sent plus le travail particulier et progressif vers la précision. La délimitation des yeux n'est pas sans mollesse. Enfin -- trait plus caractéristique encore — le manteau noir forme une tache sommaire — d'ailleurs agréable — mais où l'on ne retrouve rien du travail particulier à Mabuse. Que l'on compare ce manteau noir au manteau vert de *l'Homme aux fausses armoiries* et la différence apparaît d'une manière éclatante.

Même observation pour la chaîne d'or et la croix en pendentif. Le pinceau se pose avec bonheur et s'en tient là. Mabuse s'amusait avec ces bijouteries; il en modelait le ton par la lumière et accrochait à leurs angles, de la façon la plus juste, des éclats de clarté.

Portrait de Vieillard.
(Musée du Louvre, Paris)

L'Homme a la chaine d'or.
(Coll. de M. Holford, Londres)

De quelque point de vue que l'on se place, point de vue psychologique ou de pure technique, habitude d'esprit ou tour de main habituel, de toutes façons la même réponse s'impose : ce portrait dit de Van Eeden n'est pas une œuvre de Mabuse.

Nous admettons au contraire que le portrait d'homme coiffé d'un grand chapeau sombre d'aspect triangulaire et que le cartouche du musée du Louvre n'attribue qu'à « l'École Flamande », est bien de la main de Mabuse. Il se présente sur fond vert, chapeau noir, veste noire rehaussée au collet d'un liseré de chemisette blanche, avec un survêtement brun en forme de cape comportant des plis à partir du collet. De ses doigts, repliés de la façon qu'affectionnait Mabuse, il tient un petit livre jaune à tranches rouges. Une bague dont la pierre est noire brille à l'un des doigts.

Tout, dans ce portrait, nous paraît révéler l'art et la main de Mabuse : la manière de traiter les yeux, les lèvres, les doigts, les vêtements, la façon de modeler avec richesse et sobriété dans une matière peu épaisse mais qui ne se laisse pas oublier, le caractère général et l'accent particulier. Peut-être les cheveux gris sont-ils dans la touffe qui cache l'oreille gauche un peu moins individualisés qu'ils ne le sont d'ordinaire dans les tableaux de Mabuse. Ils sont cependant très comparables à ceux de Carondelet et du Bénédictin. Dans ce portrait je ne vois rien qui soit en contradiction avec ce que nous révèlent de l'art et de la technique de Mabuse les originaux certains.

ATTRIBUTIONS ERRONÉES

Au musée de Bruxelles, le catalogue officiel a depuis toujours attribué à Jean Gossart le portrait d'un « chevalier de la Toison d'or » qui est exposé dans la salle des Primitifs flamands. Le cartouche de ce tableau confirmait cette attribution.

C'est un très beau portrait mais l'attribution qu'on lui donne est à nos yeux indéfendable. Essayons de dire pourquoi. Cette discussion précisera encore le criterium qui nous a servi pour écarter du catalogue des œuvres de Mabuse un grand nombre de tableaux cependant depuis très longtemps en possession d'état.

Sur un fond vert, très sombre, un jeune homme se présente de trois quarts. Il a la poitrine largement découverte. Des cheveux plats d'un châtain foncé noir descendent presque sur la nuque. Il est vêtu d'un pourpoint de velours noir orné d'une bordure jaune d'or qui suit la ligne du décolleté. Une autre bordure du même tissu descend en perpendiculaire au milieu de la poitrine. Un col de lingerie finement plissé monte de dessous ce pourpoint et recouvre une partie de la poitrine. Un manteau est retenu assez arbitrairement sur les épaules par une cordelette lâche et de couleur noire. Ce manteau a des revers rabattus de fourrure sombre. Son tissu est gris verdâtre avec des gaufrures décoratives et il est aussi bordé de jaune d'or. Autour du cou, un premier cordon noir va se perdre sous la chemisette. Un cordon noir plus large posé sur les épaules soutient le bijou de la Toison d'or posé au centre sur l'empiècement jaune. Une médaille d'or se remarque sur la coiffure noire.

La première question que nous nous posons est celle-ci : Le modelé de ce portrait est-il conforme à la façon de modeler qui se constate dans les œuvres signées de Mabuse et par conséquent incontestables? La réponse est évidemment : non. Les contours du visage sont plus nets. Ils procèdent d'une vision par la ligne beaucoup plus que d'une vision par le modelé. Tout le profil de la joue droite notamment est presque sec comme dans les portraits allemands de l'époque de Cranach.

La forme des yeux a pu prêter à l'équivoque, mais ils sont vus, eux aussi, par la ligne. Les cils et les sourcils sont graphiques. La pointe d'une plume aurait pu les tracer aussi bien que la pointe d'un pinceau. La pupille est plate et brillante plutôt que lumineuse et ronde. La cornée n'est pas convexe et bleuâtre comme dans les portraits de Mabuse. De même pour le dessin du nez. Le pinceau a délimité les lignes de ce nez comme un crayon qui descendrait de haut en bas. Dans les portraits de Mabuse le modelé part de l'arête, c'est-à-dire de la partie lumineuse pour atteindre et marquer par une différence de modelé l'intersection des plans qui donnent l'illusion de la ligne. La coloration de ce portrait-ci est obtenue par une sorte de teinte plate rose étalée largement. Ce n'est pas le modelé minutieux de Mabuse. Autour de la bouche les plis sont marqués par des ombres posées comme une seconde teinte plate. Ce n'est pas le soulèvement de la peau sous une poussée intérieure de la chair et des muscles. Le modelé seul peut donner l'illusion de cette poussée intérieure. Il en est de même pour le rebondissement des lèvres, notamment de la lèvre inférieure. Il y a une teinte d'ombre qui encercle la bouche et la fait saillir. Cela est fait par la teinte et non par le ton et le modelé.

Dans le cou et la délimitation du maxillaire gauche, il y a de la lourdeur. La ligne de délimitation est presque dure, elle est tracée de droite à gauche et non de l'intérieur vers l'extérieur.

L'ensemble est beau mais sommaire et brillant plutôt que minutieux. Ce n'est pas le beau métier de Mabuse. Ce portrait a certes de grandes qualités mais le beau modelé en est la moins évidente. L'ensemble est plutôt creux que rebondi et l'établissement des plans n'est pas très sûr. Dans le cou notamment et dans la poitrine, la couleur est jolie mais sommaire. On ne sent ni les muscles, ni les tendons, ni les attaches.

On remarque quelque mesquinerie dans la ligne un peu étriquée du raccourci de l'épaule droite. De même dans la délimitation de l'épaule gauche qui est obtenue par un tracé de haut en bas.

Le costume n'est pas moins significatif. La chemisette à petits plis perpendiculaires est assez jolie d'indication, mais où est le beau travail de Mabuse dont il reste quelque preuve dans la copie ancienne du portrait d'Anne de Berghes dans le même musée? Cela est encore plus visible dans les quatre bordures jaunes qui sont faites en teinte plate avec de petites coruscations sommaires de jaune sur jaune, ton sur ton. Mabuse s'y fût complu avec amour. Regardez encore ce pourpoint noir, tout noir, assez brillant d'aspect, je le concède, mais d'un seul ton et où il est impossible de reconnaître l'œil interrogateur du grand analyste qui voit rapidement de quoi se compose son impression visuelle et qui reconstitue sur la toile tous les éléments essentiels dont se compose son émotion picturale.

Regardons maintenant les deux manches gris-verdâtre. Les ornements gaufrés sont indiqués d'une manière linéaire. Ces losanges trilobés où s'inscrivent des ornements en forme de branchelettes, elles sont obtenues par des teintes plates, pas du tout par le modelé. Même le mouton d'or (bien qu'il soit très joli) il est visiblement obtenu par de petits traits jaunes se succédant comme des traits de plume, comme des hachures au burin.

Même observation pour la coiffure noire — toute noire! — et enfin pour les cheveux tout plats. On sent que la brosse travaillait de haut en bas largement, rapidement, avec le souci d'obtenir une tache bien brillante plutôt que d'individualiser des tons locaux pour aboutir à une harmonie. Dans les cheveux peints par Mabuse chaque boucle est individualisée par le ton. Cela est fait avec soin, avec amour. Observez le contournement de son pinceau pour suivre par le ton les inflexions souples des poils. C'est ainsi qu'il obtenait l'impression de consistance et de volume propres à des cheveux en touffes. Ici ces cheveux sont tout plats, d'un seul ton, et faits rapidement.

En résumé sauf peut-être là forme des yeux et ce fond vert que tant de peintres ont adopté après van Eyck, je ne vois rien dans ce portrait considéré par tant de personnes et pendant si longtemps comme étant de Mabuse, qui permette de le lui attribuer.

L'HOMME AU ROSAIRE, L'HOMME MALADE
ET LES PORTRAITS D'HOMME ET DE FEMME
DU MUSÉE DE LONDRES

Parmi les tableaux contestés et que nous croyons de la main de Mabuse se trouvent les trois tableaux inscrits en tête de ce chapitre.

L'Homme au rosaire se présente presque de face, tourné de trois quarts vers sa droite. Il appuie les coudes sur une table, montrant ses deux mains dont l'une tient une sorte de rosaire. Il porte un vêtement recouvert, sur les épaules, d'une pelleterie. Ses cheveux sont longs et plats. Il est entièrement rasé. Son buste se détache sur un décor en forme de niche, en imitation de pierre et de marbres de couleurs.

Dans le *Cicerone* de juillet 1913, le Dr Weisz a rapproché l'un de l'autre d'abord la *Madone à l'enfant* du Musée germanique de Nuremberg attribuée à Hanz Baldung, ensuite la réplique libre de Madrid, enfin l'*Homme au rosaire* de la National-Gallery à Londres.

Il a constaté que le fond du tableau de Nuremberg se composait de l'autre moitié du décor en demi-niche de l'*Homme au rosaire*. Au Musée du Prado au contraire on retrouve la niche entière, mais un peu différente.

Le tableau de Nuremberg passait pour une réplique de Madrid. Cependant le décor du fond n'est pas la seule différence. Même dans la Vierge on peut noter plusieurs dissemblances.

Le Dʳ Weisz conclut que l'œuvre originale de Mabuse avait, pour fond, la niche représentée intégralement. L'Homme au rosaire de la National-Gallery aurait donc été le second volet d'un diptyque comparable au diptyque de Carondelet du Louvre, et au diptyque de Carondelet et Saint-Donatien à Tournai et à Vienne.

La technique est nettement celle de Mabuse. Elle consiste à étendre une couche de peinture mince et consistante, susceptible en séchant de devenir brillante et solide comme un émail et dans laquelle un pinceau fin se joue ensuite avec aisance et adresse.

La manche droite, d'un gris-bleuté, est exactement de la facture du *Bénédictin* et de l'*Homme aux fausses armoiries* d'Anvers. Draps ou fourrures sont nettement et soigneusement individualisés. Ce ne sont pas des « taches de couleur », ce sont des portraits d'objets. Ce qui n'empêche pas Mabuse de voir par masses et par volumes. Les mains sont absolument caractéristiques. Certain pli blanc de la manche gauche est pur, fin et frais comme un pli de la guimpe de la Vierge dans l'*Adoration des Mages*.

Le vêtement noir est devenu un peu opaque. Y avait-il quelque matière colorante analogue au bitume et qui a repoussé?... mais il demeure brillant et fort. La fourrure roux-fauve est d'un très joli travail et particulier à Mabuse : c'est fait largement et on croit pouvoir distinguer les poils distincts et hérissés bien qu'ils ne soient jamais minces et nets, comme aurait pu les tracer une plume.

La chemisette n'est pas moins caractéristique, d'un blanc jaune très proche de celle d'Anvers. Des détails à première vue sans importance sont d'un œil très fin. Tel est le liseré rouge et gris-bleuté quasi-imperceptible qui limite et borde le col de la veste de velours noir sur laquelle se pose l'étole de fourrure. C'est

Portrait d'homme.
(Coll. von Kaufmann, Berlin)

L'homme malade.
(National Gallery, Londres)

le rouge-rose qu'il fallait. Et la facture des manches gris-bleutées impose qu'on se souvienne des vêtements du Bénédictin et de la manche jaune du Mage à genoux dans le tableau de Carlisle.

Les yeux sans expression profonde sont beaux tout de même. Leur dessin et celui de l'arcade sourcilière sont propres à Mabuse, de même pour le modelé de la bouche et les plis de la peau. Il y a très peu de matière et cependant les plans sont nets et se succèdent exactement comme il est nécessaire! Les cheveux noirs et plats sont caressés par le pinceau, pas graphiques du tout, très lissés, très brossés, avec des inflexions tendres. C'est un très joli travail.

Dans le décor on retrouve les lumières froides de Mabuse qui voit en peintre et qui voit juste. Des surfaces très claires « pour le plaisir » et un sentiment net de la réalité.

Peu transposé, et peu inventé, soumis à la réalité exacte, ce portrait est exactement dans l'esprit de Mabuse.

On ferait les mêmes observations à propos du petit portrait dit « l'Homme malade, » de cette même National-Gallery. Le noir du vêtement sur la poitrine n'est pas le même que celui de l'*Homme au rosaire*. Cependant on reconnaît la même main bien qu'il y ait dans les manches un je ne sais quoi de moins minutieux. Moins belles de matière et de modelé, les mains sont du caractère de celles de Mabuse, peut-être cependant le gant vide qu'il tient dans la main gauche est-il un peu mou. Dans le chapeau noir je retrouve l'accent simple, sobre et fort, de Mabuse avec des délicatesses de modelé qui m'enchantent. Fourrure fauve comme un pelage de lièvre, barbe et cheveux sont de l'accent de Mabuse. L'expression du visage est plus intense que d'ordinaire et plus dramatique. Peut-être, en effet, est-ce le portrait d'un homme malade? L'œil, l'esprit et la main de Mabuse se reconnaissent.

Il en est de même pour ce grand et double portrait d'homme et de femme qui est aussi au musée de Londres.

Il est très difficile de lui fixer une date, puisque le Saint-Donatien, s'il est de 1527, nous prouve que Mabuse était susceptible de se replacer à toutes les époques de sa carrière dans la tradition et l'esprit gothiques.

Nous inclinerions cependant, à cause de la coiffe de la vieille femme, à placer ce tableau parmi les plus anciens de Mabuse, peut-être même avant l'*Adoration des Mages* et le triptyque Malvagna. La manière dont les yeux de la vieille femme se présentent rappelle la façon dont se présente le page qui porte la traîne de Balthasar dans le tableau de Carlisle.

Nous croirions volontiers que c'est l'un des plus anciens parmi les tableaux de Mabuse qui nous ont été conservés.

On a élevé des doutes sur l'attribution de ce tableau. Il est certain que ce fond est sourd. S'est-il alourdi? Dans le chapeau noir de l'Homme, il y a de l'opacité. Il se distingue à peine du fond où il y a certainement du vert, mais presque invisible. La coiffe jaunâtre de la vieille femme est bien lourde. Elle ne rappelle guère les coiffes virginales de certains autres tableaux. Elle est rigide comme du parchemin. Peut-être cette vieille femme en portait-elle une de cette sorte. Le vêtement noir de la femme est aussi bien lourd et opaque, de même pour le vêtement noir de l'homme. Cependant je retrouve dans la manche droite de ce vieillard et dans la bordure de linge qui dépasse de cette manche le plaisir de peindre qui caractérise Mabuse. Le col de fourrure, de ton roussâtre, me paraît bien de Mabuse et le coin de chemisette aussi. Les deux revers rouges de la veste, au col, sont aussi de cette vision, bien qu'un peu sourds. Je reconnais le goût de Mabuse dans les lumières froides et précises du jonc et de la pomme de métal ornée de graffitti. Peut-être les mains sont elles plus chaudes de ton que de coutume, mais leur caractère est bien de Mabuse et aussi le dessin du nez, des yeux, de la bouche. Je retrouve les mouvements de la peau autour de la bouche.

Double portrait (couple âgé)
(*National Gallery, Londres*)

L'affiquet d'or du chapeau du vieillard nous montre deux personnages nus, peut-être Adam et Eve, du caractère renaissant autant qu'on peut en juger.

Je remarque des délicatesses de couleur devenues presque imperceptibles : par exemple les lacets verts sur la poitrine, au dessous du rouge des revers.

Sous le bénéfice de ces observations, nous admettons ce double portrait comme étant l'une des œuvres de Mabuse et probablement de sa jeunesse.

Charles de Bourgogne.
(Musée de Berlin)

L'Homme au rosaire.
(National Gallery. Londres)

PORTRAIT DU COMTE FLORIS D'EGMONT.
(*Ryksmuseum, Amsterdam*)

LES PORTRAITS DE GRANDS SEIGNEURS

Ils se placent à l'époque où Mabuse — en pleine possession du succès — jouissait de la faveur du Bâtard de Bourgogne, et bénéficiait de l'entraînement général, à la Cour de Bourgogne, vers le luxe et le goût des belles œuvres d'art.

Parmi ces portraits d'apparat compte le somptueux portrait de Berlin que M. Hulin a reconnu comme étant Charles de Bourgogne, grâce au *Recueil d'Arras* et à la devise inscrite sur son poignard *Aultre que vous*. Le *Chevalier à la Toison d'or* d'Amsterdam a passé longtemps pour être le portrait de Philippe de Bourgogne et le très érudit M. J. Wauters a voulu l'identifier avec le Palatin du Rhin dont il nous a brillamment conté l'aventure romanesque avec Eléonore d'Autriche (1).

Le plus important et le plus beau de ces portraits de grands seigneurs est le très célèbre portrait de la galerie d'Hampton Court, si longtemps considéré comme le portrait des enfants d'Henri VIII. De cette attribution on pouvait inférer que Mabuse était allé en Angleterre. Il en existe une copie portant la date de 1495, date qu'a reproduite Virtue dans sa gravure. Mais cette date est démentie par le costume des enfants qui s'accorde au contraire avec la date infiniment plus probable de 1423 ou 1425. Ce portrait est maintenant reconnu comme étant celui des enfants du Roi de Danemark.

(1) Weissenbruck, édit., 49, rue du Poinçon, à Bruxelles.

LES ENFANTS DE CHRISTIAN II

Le 16 juillet 1515, Philippe partit pour conduire au roi Christian de Danemark sa fiancée, Isabelle d'Autriche, sœur de Charles-Quint, âgée de 14 ans et demi. Quelques-uns ont cru que Gossart avait pu faire partie de l'escorte d'honneur, mais rien ne confirme cette hypothèse. On conserve au musée de Copenhague un portrait de Christian II attribué à Mabuse. Je ne l'ai pas vu. De l'important portrait d'Hampton-Court il existe plusieurs copies anciennes qui attestent l'admiration des contemporains. On en trouve notamment chez lord Folkenstone à Corsham Court, chez lord Pembroke et à Sudely Castle.

N'examinons que l'original.

Deux des enfants sont légèrement tournés vers leur droite, le troisième très légèrement tourné vers sa gauche. Ils peuvent être âgés d'environ 9, 5 et 3 ans. Le plus jeune d'entre eux est une petite fille.

Derrière eux, un fond rougeâtre et un cadre peint, gris-verdâtre en lumière froide, comme nous en avons vu si souvent dans l'œuvre de Mabuse, par exemple dans le Carondelet de Vienne ou la Vierge du Kaiser Friedrich Museum à Berlin.

Ils sont vêtus de velours noir. Deux d'entre eux ont les manches rehaussées d'hermine tachetée de noir. Tous les trois ont des chemisettes blanches.

Ils posent leurs six menottes sur une table verte où il y a une pomme et des cerises.

Ces six mains et ces trois visages sont modelés dans la matière mince et brillante qu'aimait Mabuse. Les ombres sont froides. C'est une symphonie en blanc et noir peu chaleureuse. Les six yeux nous offrent six grandes pupilles noires.

Les expressions de visage sont gentilles et élémentaires. Les traits sont déjà accusés. Le costume le plus amusant est celui de la petite fille très gentiment décolletée. Ce costume se compose de quatre grandes taches blanches : la guimpe, la collerette et les deux manches d'hermine tachetées de noir relevées par les notes sombres de la coiffure et du corsage. Le drapé de ces vêtements sombres et le retroussis de chemisettes aux manches sont parfaitement du caractère de Mabuse, c'est-à-dire larges, méticuleux et avec des ombres par le modelé.

L'aîné est le moins décolleté ; son col de chemisette et son chapeau noir sont caractéristiques.

La coiffure en guimpe de la petite fille est comparable — bien que moins parcheminée — à celle de la vieille femme dans le double portrait. Tous les détails de vision et de modelé dans ces visages notamment autour de la bouche, le caractère des doits, la pose des mains, le bourrelet des lèvres, sont bien de Mabuse — de même que les noirs-grisés des vêtements, bien que certaines traces jaunes semblent indiquer des retouches.

Ce portrait a de la tenue, de la noblesse et de la dignité. De belles qualités de mesure s'allient à de grandes délicatesses d'exécution. Cela ne vaut ni par le lyrisme, ni par la fougue, mais par la probité professionnelle, par le charme et un je ne sais quoi de touchant. C'est l'un des beaux portraits que nous ait laissé le XVIe siècle.

Portrait des trois enfants du roi Christian II de Danemark.
(*Château royal de Hampton-Court*)

LES PORTRAITS DE FEMME

Si nous ne les jugions que d'après l'intensité du caractère nous les estimerions moins haut que les portraits d'homme, mais la richesse et le pittoresque du costume de quelques-uns d'entre eux, et surtout leur jeunesse ou leur charme juvénile sont des plus persuasifs.

Dans le catalogue de Mabuse il n'y a guère que trois portraits de femmes âgées. D'abord la vieille femme du double portrait de Londres, ensuite le portrait de femme dont la tête est recouverte d'une coiffe, si longtemps attribué à Scorel et qui se trouve à Berlin, enfin le portrait d'Anne de Berghes âgée d'une cinquantaine d'années, reconnue par M. Hulin, grâce au *Recueil d'Arras*, et qui se trouve en Amérique dans la collection Gardner.

Deux d'entre eux, (sans compter le portrait d'Anne de Berghes représentée avec son enfant en sainte Vierge avec Jésus) sont d'une séduction infinie.

JACQUELINE DE BOURGOGNE

Anne de Berghes était la femme d'Adolphe de Bourgogne et par conséquent la mère de Jacqueline.

De tous les portraits peints par Mabuse, celui de Jacqueline de Bourgogne est peut-être le plus séduisant. Il a été identifié par M. Hulin de Loo qui l'a reconnu comme étant le portrait de Jacqueline, fille du Bâtard de Bourgogne, seigneur de Veere.

Elle se présente presque de face, légèrement tournée vers sa droite, vêtue d'une somptueuse robe de cour composée d'un corsage et de vastes manches qui se développent à partir des épaules jusqu'à bouffer largement sur le coude et se resserrent aux poignets. Les deux mains viennent s'appuyer sur le bord du cadre. La gauche tient par l'extrémité du pouce et de l'index une mappemonde de marin en rubans de métal tournant autour d'un axe. La main droite du bout de l'index désigne cet objet.

De ses yeux à la pupille sombre elle regarde le spectateur. La coiffure se compose d'un tour de tête enrichi d'une double bordure de perles et qui laisse retomber une sorte de résille contenant les cheveux, du même tissu que les manches. Les cheveux séparés en deux parties égales retombent blonds et bouclés de part et d'autre du front. Le visage dans son ensemble a une expression de puérilité charmante et de juvénile fraicheur.

Voilà la belle facture du peintre tel qu'on peut se l'imaginer à l'heure où il était à l'apogée de son talent : minutieux et riche, éclatant et sobre, de goût parfait et d'accent français. Le dessin du nez est ici peut-être un peu moins net que de coutume. Il est obtenu par le modelé à l'exclusion de tout ce qui ressemblerait au graphisme d'une ligne. Il en est de même pour la bouche. Mais sans doute cette indécision de traits était-elle dans le caractère même du modèle saisi à l'âge équivoque et charmant de la puberté. La netteté du dessin des yeux, la précision du point lacrymal, le bleuâtre de la cornée et l'ampleur de la pupille, la façon dont les cheveux blonds sont traités, la bouche, les joues, les vêtements et la matière même dont est fait ce tableau de matière mince, consistante, brillante et comme creusée ou repoussée à certains endroits par les différences de modelé, tout est caractéristique.

Le vert du fond est simple et riche, personnel à Mabuse malgré que cette couleur de fond ait été à la mode à cette époque. Le rouge du corsage pourrait être plus varié, mais il est beau et exécuté par un peintre qui se délecte de son plaisir visuel. Le gris-blanc de la robe de soie et les ornements gris-vert-bleuté avec guillochures en or sont de la meilleure qualité de Mabuse. La sphère est minutieuse et parfaite. Les bijoux d'or sont modelés dans la pâte, pas du tout graphiques ni par indication de taches. Dans la coiffe la matière qui reste mince paraît épaisse tant elle est riche.

Et toutes ces richesses se subordonnent à une expression morale extrêmement ingénue, très pure, très enfantine, aristocratique, peu profonde mais extrêmement séduisante. Ce sont les joues et le teint, la carnation et la fraîcheur d'une charmante petite Zélandaise très aristocratique.

Dans le fond le cadre peint, d'un gris brun où se sent du violet, contribue à enrichir ce délicieux portrait.

LA MADELEINE

Se présentant à peu près comme Jacqueline de Bourgogne, mais les yeux regardant droit en face d'elle, c'est-à-dire à sa droite puisqu'elle a la tête tournée de ce côté, elle tient dans les deux mains un vase à parfum richement ciselé. Peut-être l'aspect général ne donne-t-il pas la sécurité quasi absolue d'attribution qu'on éprouve devant Jacqueline de Bourgogne. A mes yeux cependant il n'y a pas de doute. Peut-être aussi ce tableau a-t-il subi de petites retouches notamment dans le cou et sur le dos de la main droite.

Le fond vert-bleuâtre est un peu sourd — et la main gauche, bien que jolie et fine, si elle n'a pas été retouchée, manque de l'éclat lumineux si habituel aux mains faites par Gossart.

La façon de travailler les ornements et le jaune de la robe bien que très riche, est moins éloignée du coloris par à plats que je sens tout à fait contraire au tempérament pictural de Mabuse.

Le modelé de la poitrine et même du visage est moins savant, les yeux moins expressifs et la bouche, un peu entr'ouverte comme dans l'*Ecce Homo*, sont moins caractéristiques que dans le portrait précédent. Les cheveux sont moins souples et d'une technique moins riche, le bourrelet de la lèvre inférieure est un peu pâle; cependant tout cela est tout de même d'une jolie vision et d'une belle virtuosité. La bande rouge du corsage est proche du rouge de la fille d'Adolphe de Bourgogne.

C'est du Mabuse un peu affadi, mais je crois que c'est du Mabuse. Le vase à parfum et les bijoux semblent bien de sa main. Les parements de fourrure fauve sont un peu amollis et par conséquent moins individualisés, mais ce portrait, bien que secondaire, est tout de même un très joli tableau.

CONCLUSION

De tous les peintres qui pendant si longtemps ont été
confondus sous la dénomination de « École flamande », Mabuse
est l'un de ceux en qui se reconnaissent le plus aisément les
caractéristiques particulières aux peintres wallons.

Dans son œuvre l'intelligence prédomine sur l'instinct et
les facultés d'assimilation — on pourrait dire aussi de vulgarisa-
tion — priment les facultés d'invention proprement dite et d'imagination.

Il est original par sa vision — absolument personnelle —
et par son exécution qui est toujours irréprochable. Tous les
tableaux qui sont incontestablement de sa main possèdent les
trois qualités sans lesquelles il n'est pas de tableau « bien peint ».
Ils sont peints avec éclat, avec consistance et d'une manière
inaltérable. Que ce soit devant les tableaux de sa jeunesse, de
son âge mûr ou de sa dernière période, impossible de ne pas se
dire d'abord : quelle admirable technique ou — selon l'expression
habituelle aux peintres : quel beau métier !

Sa façon de voir la nature par la couleur et par le modelé
est très caractéristique de son origine septentrionale. D'autres
grands artistes ont vu et interprété les personnages ou les objets
par la ligne ou par l'arabesque, d'autres ont donné l'illusion du
relief par des teintes plates habilement et largement distribuées;

la plupart, à son époque, ont dessiné par les hachures d'ombres et peint dans une gamme restreinte et relativement sombre. Gossart a toujours vu le ton local et il a toujours déterminé avec justesse les valeurs réciproques dans leurs rapports avec l'atmosphère. Cette caractéristique est déjà sensible dans les tableaux de sa jeunesse où se révèle l'influence des peintres miniaturistes. Dès qu'il prend possession de sa personnalité, cette caractéristique devient essentielle et dominatrice. La qualité principale de sa vision c'est le don de découvrir tout de suite et de noter avec précision la qualité des tons locaux, leur valeur et leur importance, c'est ensuite de ne jamais perdre de vue la subordination nécessaire de ces éléments analytiques pour aboutir à une synthèse originale et puissante. C'est un peintre. Il vaut par des qualités plastiques. Ses sensations visuelles ont gouverné toute son œuvre. C'est par l'unité de vue, au sens physique du mot, que son œuvre a de l'unité. Les deux périodes que l'on a pu distinguer avec raison dans sa vie avant et après le voyage en Italie ne s'opposent l'une à l'autre que par le choix des sujets, des ornements et du décor, par la préoccupation de peindre des figures en mouvement plutôt que des personnages au repos, par une tendance de plus en plus grande vers l'arabesque décorative, c'est-à-dire en somme par des particularités qui ne touchent pas à l'essentiel même d'une œuvre. La suite ininterrompue des portraits qui s'échelonnent sur toute sa carrière prouve que l'italianisme et le désir de renouvellement laissèrent intacts les deux éléments principaux de la personnalité : la vision et la technique.

La culture, c'est-à-dire l'éducation, joua un rôle très important dans le développement de l'œuvre de Mabuse. En cela encore il est Wallon plutôt que Flamand. C'est l'une des caractéristiques de l'art français que de s'être toujours tenu au courant des recherches et des découvertes de tous les peuples, de s'en être assimilé la substance et d'avoir travaillé à en donner une expression nouvelle marquée de son sceau, d'un accent plus général,

d'une signification plus universelle. L'art français est naturelle-
ment classique et c'est le propre de l'art classique que d'avoir
donné aux idées et aux sentiments — dans tous les domaines —
une expression universelle. La facilité d'assimilation d'un Mabuse
est une qualité française. Comprendre, renouveler et inventer à
nouveau dans le sens de la tradition française a été de tout temps
le propre de nos artistes. En se tenant au courant des modifications de l'esprit public qui caractérisent la Renaissance, en se les
assimilant, et en contribuant à l'évolution naturelle de l'art de
peindre tout en gardant l'essentiel de sa personnalité, Mabuse se
conformait à la tradition française. L'école flamande ne s'est
épuisée si rapidement que parce qu'il n'était pas dans sa nature
d'évoluer constamment et harmonieusement.

Même les défauts de Mabuse sont wallons : le peu de
profondeur de sa conception de la vie et du monde, l'absence du
sentiment dogmatique et du goût de la domination, le caractère
de sa culture plus brillante que grave, le besoin de s'en aller
courir le monde plutôt que de rester attacher à sa terre natale, et
même ce désir d'être séduisant et de plaire à tout le monde. Ne
cherchons dans son œuvre ni le sens de la vie intérieure, ni la
préoccupation du mystère des âmes, ni même le sens de la relati-
vité des hommes et des choses qui prêtent aux objets eux-mêmes
ou aux effets de lumière comme un reflet de la vie intérieure du
peintre. N'essayons de le comparer ni à Van Eyck ni à Rem-
brandt ni à Léonard. Nous ne trouverions dans son œuvre —
pas même dans les intentions — rien qui puisse se comparer aux
clairs-obscurs tout pénétrés de pensée, de rêve, de méditation et
parfois d'angoisse morale qui nous émeuvent si intensément
dans le *Triptyque de l'Agneau*, dans les *Pèlerins d'Emmaüs* ou
dans les œuvres de Léonard de Vinci. Même dans l'*Adoration
des Mages* de la National Gallery l'émotion est visuelle plutôt
que morale. On ne trouve pas dans l'œuvre de Mabuse l'expression du sentiment religieux en ce qu'il a de profond et de

dominateur. La piété du Wallon est sentimentale plutôt que dogmatique, et individuelle plutôt qu'héréditaire.

Ce ne fut ni un grand esprit ni un grand cœur. Ce fut un excellent peintre.

Peut-être s'est-il cru un humaniste. Nous réserverons ce titre pour d'autres artistes qui le méritent mieux. Gossart n'a pas eu d'idées générales. Son œuvre est d'une portée restreinte. On sent qu'il a eu de l'existence humaine et du sens de la vie une conception simple et claire qui était celle de la plupart de ses compatriotes de Maubeuge et de Wallonie. Ce fut un vériste mais sans vulgarité, un réaliste mais dont l'œuvre a tout de même un caractère intellectuel. Ses tableaux les moins bons sont certainement ceux où il a voulu faire preuve d'imagination. Que ce soit dans le *Saint-Luc* de Vienne ou dans l'*Hercule* et *Antée* de la collection Miethke il a quelquefois devancé les défauts du style baroque et quelquefois le mauvais goût des académiques bolonais. Ses meilleurs tableaux sont certainement ceux où il exprime le plus directement son caractère individuel ennemi de tout excès et soumis aux suggestions de la réalité la plus tranquille : ce sont ses portraits, ses Vierges à peine idéalisées, ses beaux morceaux de nu et ses grandes compositions en tant qu'elles nous offrent une synthèse des motifs qu'il interprétait d'après la réalité : des portraits, des draperies, des nus, des décors bien ordonnés et des arrangements précieux.

Il n'a été ni un paysagiste ni un peintre de genre. C'est un peintre de figures. Il aspirait à la beauté des formes plutôt qu'à l'intensité d'expression morale.

Son influence a été considérable. S'il est vrai, comme le dit Vasari, qu'il fut le premier à enrichir la tradition flamande de grandes figures nues et de perspectives architecturales, peut-être a-t-il frayé les voies même à Rubens.

L'œuvre de Mabuse n'est pas l'épanouissement d'une tradition lentement élaborée. Ce n'est pas non plus une œuvre de transition préparant de grandes œuvres. C'est un continuateur consciencieux pénétré de l'esprit de son temps et qui s'intéresse à toutes les nouveautés. Sa part d'invention est petite mais ce n'est pas un imitateur. Il a compris que la vie ne se perpétue qu'à la condition de se renouveler. Comme la société dont il faisait partie il a évolué. D'un idéal mystique et presque exclusivement religieux il est passé à un idéal profane et presque exclusivement pictural. En ce sens peut-être fut-il un initiateur.

Ce fut avant tout un maître ouvrier. Son dessin n'est pas toujours incisif et d'un raccourci saisissant, mais, à observer « comment c'est fait », on s'aperçoit que ce dessin par le modelé est extrêmement personnel et que c'est un très beau dessin tant il est juste, sobre, précis et aisé. Gossart exprime ce qu'il voit et ce qu'il sent avec exactitude, avec simplicité, avec élégance et avec force. Ni sous-entendu ni littérature. Transcrire « le vrai, le vrai seul » et par des moyens d'expression exclusivement picturaux, voilà ce pourquoi il était doué. C'en est assez pour que sa place dans l'histoire de l'art soit importante.

ADJONCTIONS AU CATALOGUE

L'honneur d'un critique, quand il dresse le catalogue d'une œuvre aussi mal connue que celle de Mabuse, est d'abord d'en éliminer les attributions douteuses, mais ensuite et surtout d'y inscrire quelques œuvres authentiques et qui avaient échappé jusqu'alors aux catalogues précédents.

J'aurai eu cette satisfaction précieuse si, comme j'en ai la conviction, la *Vierge et l'Enfant* de M. le Dʳ Wassermann, et la *Vénus et l'Amour* de Mᵐᵉ Adolphe Schloss sont désormais reconnus par tous comme étant de la main de Mabuse. Le *Vénus, Mars et l'Amour* de la galerie Sedelmeyer, et le dessin représentant la décollation de saint Jean, de la collection Masson d'Amiens, doivent aussi, à mon avis, être rapportés à Mabuse, le premier comme étant peut-être de sa main, et le second à titre d'attribution vraisemblable, au moins en ce qui concerne la composition originale.

Examinons-les soigneusement :

La *Vierge et l'Enfant* appartenant aujourd'hui à M. le Dʳ Wassermann, provient de la vente Beurnonville, 16 mai 1881, et fut adjugée 4,000 francs.

Le fond se compose d'une gloire jaune-vif traversée d'éclairs jaunes d'or et qui laisse transparaître un contre-fond gris-vert. La Vierge porte dans les boucles blondes de ses cheveux un rang de perles que divisent trois escarboucles formées de saphir et de rubis. Un voile très léger se joue en ses cheveux blonds en les recouvrant à demi. Il retombe sur les cheveux de la nuque et presque sur l'épaule gauche.

La tunique et les manches sont bleues. Un manteau rouge se drape sur l'épaule gauche et se prolonge en effleurant la jambe gauche vers l'angle de droite au bas du tableau. La chemise de l'enfant est d'un gris pénétré de rose, soit par la transparence de la chair puérile, soit par l'influence du rouge du manteau. La manchette de la main gauche et celle de la main droite de la Vierge sont d'un gris foncé légèrement pénétré de vert.

La riche bordure du corsage de la Vierge se compose d'un galon d'or bordé de petites perles sur lequel se posent à notre gauche quatre très beaux cabochons et à notre droite trois autres alternativement verts et rouges très foncés. La chemisette qui dépasse légèrement cette riche bordure est d'un gris-bleu avec entrelacs.

La pomme que tient Jésus dans sa main gauche est rouge-rose et jaune très doux, de tons vifs mais fondus et le volume en est parfaitement modelé.

Les cheveux de la Vierge et ceux de l'enfant sont du même blond, quoique celui de l'enfant soit un peu plus clair. Leur façon d'être bouclés est propre à Mabuse. Il semble que cette façon de traiter les cheveux comporte une triple opération : une « préparation » comme disent les peintres, c'est-à-dire un fond monochrome étendu à la brosse, une reprise par le pinceau pour délimiter les masses par le ton local et modeler les formes des boucles par des mouvements et des retours, un troisième travail enfin par un troisième pinceau choisi parmi les plus fins et qui trace comme à la plume par des lignes souples, brillantes comme de l'or, les cheveux blonds sur lesquels s'accroche particulièrement la lumière. Ce triple travail est conçu et exécuté par un peintre amoureux de la forme et de la lumière, avec un sens très pictural du modelé et l'on sent, en l'observant, que le peintre admire l'objet lumineux qu'il cherche à imiter et la matière picturale qu'il emploie avec amour.

La façon de traiter les yeux est aussi très particulière à Gossart. Remarquons dans les yeux de Jésus que la cornée est d'un bleuâtre très caractérisé. Dans les tableaux de Mabuse signés et datés, on retrouve cette caractéristique. Il en est de même pour les yeux baissés de la Vierge, très particuliers, avec des paupières un peu lourdes. La façon de traiter les cils est curieuse, ils sont à peine existants à la paupière inférieure et finement indiqués au bord supérieur. Remarquons aussi le ton rose-pâle et dont les peintres disent « jambonné » du bas de la paupière inférieure gauche. Elle est d'un rose pâle presque anémique, d'un rose de chair très observé, très réaliste et très fréquent sous le pinceau de Mabuse.

Remarquons enfin le point lacrymal, notamment dans l'œil gauche de la Vierge, si réaliste, si pictural, donnant si curieusement l'impression de la vérité.

Les yeux de l'enfant sont noirs, d'une précision presque anatomique. Ils sont dessinés et peints avec amour, en accord avec le geste de la petite main droite.

Voyez maintenant la façon de dessiner et de peindre les bouches, presque toujours entr'ouvertes. Pour le visage de la Vierge, Gossart a modelé la bouche, comme le reste du visage, dans un ton gris très lumineux et il semble qu'il ait passé ensuite sur ce ton déjà séché un rouge-rose qui forme la note vive des lèvres. En regardant de près on croit voir réapparaître sous le ton rose le glacis et les craquelures du ton original. Très particuliers sont aussi les points de commissures des lèvres, avec leur point d'ombre qui donne l'impression d'une minuscule fossette. Tous ces plis de chair, obtenus dans la pâte par un retour du pinceau, sont faits amoureusement et presque sensuellement.

Pour les oreilles, elles sont dessinées et modelées du même point de vue pictural, l'oreille droite de Jésus étant plus rouge et plus vive de ton que celle de la Vierge mais obtenues toutes les deux par le modelé.

Par le modelé ! c'est la caractéristique de tout le tableau, mais plus particulièrement des visages. Celui de l'enfant est prodigieux d'observation picturale, de délicatesse dans l'observation et de justesse mesurée dans l'exécution.

Il est d'un renflé charmant, vu et exécuté dans sa masse ronde autant que par les colorations de l'épiderme. Malgré le peu de surface, cela est d'un modelé vaste, large, fin et précieux, précis et somptueux. Tout le gris-rose des parties nues du bambinet font penser à l'épiderme d'un fruit; il est plus frais que celui d'une pomme d'api choisie entre mille pour la délicatesse de ses tons gris-rose. Les petites jambes sont dessinées comme celles d'un Bacchus antique. On sent très bien que le peintre avait vu et admiré des Hercules-enfants et d'autres marbres antiques, mais pas un instant ces réminiscences ne laissent oublier que l'artiste travaille devant le modèle vivant, qu'il se soumet à son modèle, et qu'il ne se laisse pas entraîner dans le banal ou le convenu par un désir de transfiguration. Son idéalisme est parfaitement légitime puisqu'il nous représente le fils de Dieu.

Comme les ombres sont justes ! comme les muscles que font saillir ces ombres sont à leur place ! ces mains et ces bras sont exquis. Ces pieds sont parfaits. Le droit paraît un peu grand parce qu'il est de profil, et le gauche est d'un raccourci qui enchante les connaisseurs !

Quoique peut-être un peu froides, sans doute pour ne pas lutter avec le divin enfant, les mains de la Vierge sont très belles de dessin, de modelé, d'attitude et d'expression. La forme des doigts est très caractéristique de Mabuse, telle que nous l'avons étudiée dans les tableaux signés et datés. Il aimait à faire par le modelé la distinction des phalanges, à marquer par le modelé les articulations, à délimiter soigneusement les ongles, à les inscrire dans le cercle d'ombre bleuâtre où ils pénètrent sous la chair au bout des doigts, à donner aux doigts allongés ou infléchis un je ne sais quoi d'annelé et de bulbeux.

En étudiant le portrait de Carondelet au Musée du Louvre j'ai fait remarquer le rôle important des ombres froides dans le modelé des mains, des visages, des oreilles ou des cous. On retrouve dans le tableau que nous étudions en ce moment les mêmes caractéristiques. On peut aussi rapprocher ce galon d'or et ces bijoux qui bordent le corsage de la Vierge, plus particulièrement ces escarboucles ou le rang de perles dans les cheveux, de la façon dont les bijoux sont traités dans l'*Adoration des Mages* de la National-Gallery de Londres. C'est de la même main.

Et il en est de même pour les vêtements. Le manteau rouge, dans la Vierge de M. Wassermann, est un peu lourd. Il semble qu'il ait subi quelques repeints. La tunique bleue est aussi un peu lourde, avec des granulations sensibles, notamment dans la manche du bras gauche.

Dans son ensemble, cependant, ce tableau est magnifique, sobre, puissant et du plus riche coloris. C'est l'admirable réussite d'un très admirable artiste. Sa qualité principale réside dans le modelé. La tête de la Vierge, son cou, tout le personnage du petit Jésus sont d'un grand peintre. L'arabesque infiniment souple des lignes qui s'enroulent autour de ce petit personnage principal ont été obtenues par le modelé. Cela est vu et exécuté par un peintre qui se plaît à manier la belle matière. La seconde qualité essentielle est la richesse du coloris, obtenue par le contraste et l'accord des couleurs vives.

Les passages de tons sont d'une délicatesse extrême et leurs réactions réciproques les exaltent l'un par l'autre. Voyez, par exemple, à quel fondu aboutit le contraste vigoureux entre le jaune vif de la gloire, le bleu de la tunique et le rouge du manteau, contraste puissant qui met en valeur toute la délicatesse des chairs modelées dans la clarté. C'est un accord en quatre tons : jaune vif, bleu, rouge et jaune-rosé des carnations, le tout encadré dans un gris-vert, sorte de préparation initiale qui s'étend jusqu'aux bords extrêmes du tableau comme fait le contre-fond dans une composition décorative.

J'insiste une dernière fois sur la qualité des ombres obtenues par le modelé.

Quoique de petites dimensions, ce tableau est noble, de grande conception et de belle et large exécution. Il mérite le nom de chef-d'œuvre.

VÉNUS ET L'AMOUR

Il appartient à la collection Schloss et provient de la collection S. Abbot.

Autour du cadre original de ce tableau sur bois on lit : *Nate effrons homines superos que lacessere suet (us) non matri parcis. Parceto ne pereas M.D.XXI.*, ce qui peut se traduire par « Enfant effronté, accoutumé à harceler les hommes et les dieux, tu n'épargnes pas ta mère. Crains toi-même de périr si tu ne veux épargner personne ».

Sur un fond vert foncé dont les ombres sont verdâtres et comme pénétrées d'un peu de jaune, ce tableau représente Vénus debout et nue tenant par les deux mains la menotte d'un bambino nu, que ses ailes, son arc et son carquois nous désignent comme l'Amour. Ces deux personnages nus se présentent dans une architecture Renaissance semblable à celles que composa Mabuse pour ses tableaux incontestés. Ils se détachent sur le fond d'une niche cintrée qu'encadrent deux colonnes cannelées dont chacune repose sur une base ornée d'un médaillon rond à sujet mythologique. Un second et vaste cintre architectural est coupé par le cadre et rassemble toute la composition.

Cette composition et la façon de traiter les colonnes, les cannelures, les ornements, les bases et les sujets dans le médaillon sont tout à fait de la manière de Mabuse. Les ombres froides sont caractéristiques.

En ce qui concerne les personnages, les cheveux blonds et bouclés sont d'une couleur et d'une facture propres à Mabuse. La façon de traiter les nus est peut-être un peu trop lisse et moins en pleine pâte que je ne voudrais, mais le dessin par le le modelé, la qualité des ombres et le sentiment général sont très septentrionaux. C'est un dessin de peintre, et non de graveur ou de dessinateur spécialiste. Rien de graphique. Tout est obtenu par des moyens picturaux, pour le plaisir d'étendre et de manier la belle matière. L'attache de l'épaule droite de Vénus et le bras qui repousse le sein droit sont une petite merveille de beau travail pictural. Il en est de même pour le pli de la hanche et la belle ondulation très élégante qui précise le profil en partant de la main pour se terminer à la pointe du pied.

Observons encore ce tour de force pictural qui, sur la poitrine de Vénus, rassemble et presse les unes contre les autres les rondeurs des bras et les rondeurs de la poitrine par un mouvement naturel, juste et exceptionnellement difficile à exécuter. Cela est d'une sensualité mesurée, d'un ordre, d'une précision et d'une délicatesse extrèmes. Et cela est vu et exécuté en peintre, sans rien de graphique ni de fausse habileté.

Observons encore la qualité de facture du ventre, l'impression de consistance et de souplesse qu'il suggère rien que par la belle matière et le ton délicat des ombres, le velouté du grain sur la peau et le ton juste et chaud de son coloris.

Les mains sont délicieuses, longues, fermes et souples, élégantes et rétractiles, d'un dessin parfait. Elles donnent la sensation de la vie. Les pieds ne sont ni moins délicats, ni moins fermes, ni moins beaux. Le poids du corps pèse sur eux et ils n'en sont pas écrasés. Ils vivent. Ces pieds sont aussi délicats et beaux que les plus réussis dans les figures incontestées de Hampton Court.

VÉNUS ET AMOUR.

(Coll. Adolphe Schloss, Paris)

La tête de Vénus et son expression de visage sont juvéniles, séduisantes, et échappent au reproche de banalité ou de convenu. La bouche très charnue et d'un beau rouge fait penser au modèle vivant. Les cheveux bouclés et le voile en coup de vent sont tout à fait dans le caractère des œuvres de Mabuse. Et il en est de même des petits détails qui sont particuliers à ce peintre : la façon de noter les paupières, les points d'ombre des commissures des lèvres, la facture du point lacrymal.

Si jolis que soient ces détails, l'essentiel de ce tableau est dans le très ample dessin et le magnifique modelé des deux figures nues. L'Amour ressemble à un petit Bacchus ou à un petit Apollon. Il nous rappelle que Mabuse a travaillé d'après les modèles italiens.

On remarquera cependant dans ce bambin quelques lourdeurs d'exécution notamment dans les yeux, le nez, et même dans le dessin. L'attache du bras droit par exemple est bien loin d'atteindre la qualité précieuse de l'attache du bras droit de Vénus. On remarquera aussi que le corps tout entier de cet Amour est tout entier baigné d'ombre, de manière un peu arbitraire. Et l'on sent bien que c'était pour éviter que les deux personnages attirassent au même degré l'attention. Mabuse a voulu que la petite figure fût subordonnée à la grande et fit valoir le nu lumineux de la jeune femme. Peut-être cependant aurait-il pu mieux justifier toute cette ombre.

Mais ce ne sont que réserves de détail. L'accent personnel du peintre domine toute la conception et toute l'exécution.

Sans pouvoir être comparé aux grands chefs-d'œuvre, ce précieux petit tableau fait honneur à Mabuse et je ne crois pas que l'attribution puisse en être contestée.

MARS, VÉNUS ET L'AMOUR

Il appartient à la collection Sedelmeyer et fut acheté, vers 1921, de la collection anglaise Charles Butler.

Sur panneau et d'environ 58^{cm} X 49^{cm}, ce petit tableau représente, se détachant sur un motif d'architecture Renaissance, deux grandes figures debout que leurs attributs nous désignent comme étant Mars et Vénus. Posé sur la tablette d'une sorte de vaste dressoir en marbre qui occupe jusqu'à mi-hauteur tout le fond du tableau, ce bambin nu se tourne vers sa mère, lui pose la main droite sur l'épaule et brandit vers elle une flèche. Son carquois et ses ailes lui donne son nom : l'Amour.

La conception de ce tableau, et les détails comme l'ensemble de la composition, nous paraissent à n'en pas douter de Mabuse. L'exécution est-elle aussi entièrement de sa main ? voilà qui nous paraît moins certain. Examinons-le :

Sur un fond gris-vert, tel que les aimait Mabuse, mais avec des tons dégradés qui sont peu chaleureux, l'architecture se compose de deux colonnes lisses, d'un simili-marbre rougeâtre, et qui encadrent une niche dans le creux de laquelle se détache l'Amour. Les bases de ces colonnes sont décorées dans le style de la Renaissance et reposent sur un vaste dressoir qui ressemble à un autel antique et dont les plaques de marbre, claires ou sombres, sont peu chantantes. Un pilastre décoré de bucrànes, dont les mufles sont reliés par des guirlandes, divise cet autel en deux parties à peu près égales. A gauche et à droite deux grands attributs répondant symétriquement à ce pilastre et se prolongeant visuellement par les deux colonnes depuis la base jusqu'au faîte par des analogies de couleur, enferment la composition. La grande corne perpendiculaire sur laquelle Mars appuie la main droite est d'un jaune froid. Elle contient des fruits qui sont ternes. Le grand miroir perpendiculaire sur lequel Vénus appuie la main gauche est d'une composition presque ridicule et se compose d'ornements jaunes posés sur du bois brun au centre duquel brille un miroir rond. Le sol est gris marbré assez clair, descendant par des marches jusqu'au cadre.

Dans ce décor qui manque de grâce et qu'on pourrait qualifier de primaire, les deux grandes figures debout ne sont guère plus gracieuses. Musclé comme un gladiateur, Mars porte un accoutrement bizarre. Peut-être Mabuse a-t-il cru faire preuve d'érudition en le copiant soigneusement sur quelque bas-relief antique. Le résultat est pauvre. Cela ressemble à un déguisement plus qu'à un costume. Il porte sur l'épaule droite un manteau rouge-groseille et, sur le buste, une tunique gris-bleuâtre qui, sur le ventre, se termine par des lamelles de drap souple superposées sur lesquelles apparaît, presque à mi-cuisses, l'extrémité d'une culotte verte. Sur les hanches deux rondelles voudraient être en métal doré. Vénus est plus gracieuse. Debout à notre droite et répondant symétriquement à Mars debout, elle avance un peu la cuisse et le genou droits, de sorte que la ligne de son corps a tout de même un peu de flexuosité. Elle est nue sous un voile gris-verdâtre dont l'étroite bordure est rose. Un voile vert fait chanter ce rose et elle porte dans ses cheveux blonds un diadème de perles posé sur un ruban bleu et que ferme, au dessus du milieu du front, un gros cabochon de rubis.

L'amour nu a des ailes bleu-gris foncé bordées de rouge. Les boucles de ses cheveux jaunes presque laineux brillent au milieu des deux autres taches que font les cheveux châtain-foncé de Mars et ceux d'un blond cendré de Vénus. Peut-être dans ces trois chevelures peut-on reconnaître la manière et la main de Mabuse.

Quoique bien établi, le nu de Mars semble un nu de pratique. Cette saillie des genoux et leur musculature peuvent être de la main de Mabuse, mais ils paraissent avoir été vite faits et comme exécutés en réplique d'après un modèle antérieur.

La cuisse droite et le genou de Vénus sont d'un dessin mou quoique d'un modelé agréable. Les pieds sont plus soignés et plus jolis presque non dénués d'un peu de sécheresse. Ce rougeaud de Mars, avec ses cheveux et sa barbe crespelés est peu vivant. La ligne du cou paraît avoir été délimitée un peu au hasard. Son bras est d'un modelé très sommaire et d'un dessin vite fait ou rapidement refait.

Dans le personnage de Vénus les plus jolis morceaux sont les mains et la tête. Si cela est de la main de Mabuse il ne semble pas cependant qu'on y retrouve cet amour de la belle matière, de la pâte amoureusement étendue et reprise. Le rose des pommettes et de la bouche est de pratique. Les yeux aussi. Il semble que le peintre qui a exécuté cela travaillait vite, pour la vente.

Le dessin de l'Amour a un je ne sais quoi de rondouillard, surtout la cuisse droite et les pectoraux. Le raccourci du bras gauche est médiocre mais la main très jolie, la droite est un peu moins bien. Le visage est sans grâce, avec une moue que la mollesse du dessin accentue.

Les rapports de ces nus entre eux est joli, notamment la jolie gamme de clairs que font la main droite de Vénus, le bras droit d'Eros, son abdomen, et le gentil bombé de son ventre, mais ce n'est tout de même pas très émouvant. La plus jolie note est, de beaucoup, le rose de la main de Vénus. Les ongles en sont ravissants. Du point de vue technique remarquons que le manteau rouge-groseille de Mars a dû être exécuté d'abord en grisaille très poussé puis peint par glacis. Est-ce d'un imitateur ou du maître ?

C'est encore la tunique de drap gris ou bleuté qui, du point de vue technique, est un des meilleurs morceaux. Elle fait penser à certains draps des vêtements de *l'Adoration des Mages* de Londres. Mais l'extrémité de la culotte verte, qui lui est tout de suite juxtaposée, a l'air d'être en bois peint. Cela est si pauvre qu'on ne peut croire que cela soit de la main de Mabuse.

Le voile vert de Vénus n'est pas sans lourdeur, non plus que la large tunique transparente qui lui sert de vêtement. Sous cette chemise, le corps devrait être d'un beau dessin précis et transparent dans sa vérité féminine et sensuelle; on le regarde pourtant sans émotion et même avec indifférence.

Il est remarquable que les trois cous soient si lourds et d'un dessin si peu précis.

Et comme tous ces fonds chantent peu et font peu chanter les parties nues des personnages! Tous ces gris bleutés qui pourraient vivre comme les gris luisant du corps des anguilles sont froids. Les bottes de Mars, très chargées d'un jaune qui voudrait être brillant comme de l'or, sont aussi ternes que la ceinture de métal et que les rondelles jaunes qui pendent si tristement sur les hanches.

En résumé on a l'impression d'une réplique faite pour la vente, soit par Mabuse pressé d'argent, soit par un de ses élèves dont le travail aurait été corrigé ou complété par quelques coups de pinceau du maître notamment pour les visages, les mains, les pieds, et peut-être les cheveux.

LA DÉCOLLATION
DE SAINT JEAN-BAPTISTE

Elle appartient à la collection de M. Masson d'Amiens.

De notre point de vue, le principal intérêt de ce dessin sur carton, en grisaille relevée de blancs, est une inscription qui se développe très lisiblement sur l'architrave d'un monument de style renaissance : Gennin. Gossart. de...

Le reste de l'inscription semble avoir été coupé pour donner au dessin la forme ronde que nous lui voyons maintenant. Cette inscription est-elle apocryphe? Constitue-t-elle une signature authentique?

La composition et la qualité de l'exécution devraient répondre à cette question. Leur réponse n'est malheureusement pas décisive.

Au premier plan saint Jean-Baptiste est à genoux, presque nu dans la draperie d'un manteau qui retombe de son épaule droite pour recouvrir les hanches et qui forme sur le sol une sorte de tapis pour donner à la musculature très accusée du Saint plus de noblesse et de dignité. Il a les mains jointes par une corde qui lui serre les poignets, les yeux bandés, et il attend le coup d'une grande épée à deux mains que brandit derrière lui un bourreau debout représenté en plein mouvement de jet. Ce bourreau porte le costume habituel aux reîtres allemands du XVIe siècle : chausses courtes sur des mollets nus, justaucorps et ceinture de cuir, vastes « bouillonnés » de lamelles de drap aux épaules, aux coudes et aux poignets, barbe hirsute et bonnet qui semble de poil. Il a les deux mains crispées sur l'ample poignée de son énorme épée suspendue au-dessus de son épaule gauche, et le mouvement des bras, du corps et des jambes indique avec justesse qu'il va détacher de toute sa force le coup mortel.

A notre gauche, debout sur les marches d'un palais, Salomé en grand costume oriental regarde cette scène de supplice en faisant un geste de la main droite, et portant sur la hanche gauche le grand plat de cuivre destiné à recevoir la tête du Saint. Derrière elle, en costume d'apparat, se voit Hérodiade dont une partie de la coiffure et de la robe a été coupée par l'incision circulaire.

Deux autres personnages sont debout. L'un d'eux est drapé dans une sorte de toge romaine. Il regarde en appuyant la tête sur sa main droite et son coude pose sur l'entablement d'une colonne Renaissance. L'autre est un soldat en cuirasse, avec un casque Renaissance et des jambières de métal. Il se détache sur une porte à plein cintre et semble le gardien qui a livré son prisonnier et qui demeure sur le seuil de la prison.

Ces six personnages sont parfaitement subordonnés entre eux et le spectateur s'attache d'abord au Saint, au bourreau et à Salomé, acteurs principaux, avant de s'intéresser à Hérodiade, à l'observateur qui est probablement Hérode, et au gardien de la prison.

Ils forment un groupe parfait et se détachent sur une riche architecture de style Renaissance où se retrouvent les palais à colonnades, les murs à pilastres, les chapiteaux, architraves et autres détails d'architecture dont Mabuse aimait à enrichir ses compositions architecturales. Une perspective s'ouvre entre Hérode

La décollation de Saint Jean-Baptiste.
Dessin.
(Coll. de M. Masson, Amiens)

et saint Jean-Baptiste, presque au milieu du dessin, et conduit le regard du spectateur le long d'une rue, sous une voûte en briques, parmi des murs d'édifices et jusqu'à une tour à trois étages, fort élégante, et se détachant dans le ciel. Cette perspective et tous les détails dont elle se forme sont absolument dans la manière de Mabuse.

En n'examinant que la composition dans son ensemble et dans ses détails, nous devons donc conclure qu'elle est entièrement conforme à tout ce que nous connaissons d'incontestable dans l'œuvre de Mabuse.

L'exécution est-elle de sa main? Ceux qui, d'après les tableaux certains, se sont fait une haute idée de la précision du dessin de Mabuse, de son ampleur et de son élégance, peuvent avoir des hésitations. Certaines faiblesses ne peuvent échapper à leurs yeux : la jambe droite de Salomé, par exemple, est d'un modelé sommaire. L'articulation du genou ne peut être comparée à celle de Mars, par exemple, dans le tableau de la collection Sedelmeyer et à tant d'autres beaux morceaux anatomiques des autres œuvres de Mabuse. Cette jambe ne se rattache que bien imparfaitement au reste du corps de Salomé et le personnage tout entier ne donne pas l'impression de vérité précise et de vie individuelle qui donnent à tous les personnages de Mabuse leur beauté rigoureuse et extrêmement satisfaisante pour les yeux et pour l'esprit.

Le personnage du gardien de prison est encore plus mou. C'est une vague indication du personnage conventionnel. A quoi l'on peut répondre que les architectures et la perspective sont irréprochables, que le bourreau est superbe et que le saint Jean-Baptiste est magnifique et touchant.

Pour reconnaître l'authenticité de la signature et du dessin, il suffirait donc d'admettre que Mabuse, comme tant d'autres artistes de son époque et de tous les temps, était susceptible de négligences, d'un certain laisser-aller surtout dans les figures secondaires. Cela est admissible notamment pour les dessins qui n'étaient probablement que des travaux préparatoires destinés à rester dans les tiroirs et non à être exposés ou vendus comme les tableaux définitifs.

CATALOGUE

DE

L'ŒUVRE DE JEAN GOSSART DIT MABUSE

———

Nous reproduisons ici, après l'avoir vérifié dans toute la mesure du possible, le catalogue publié par M. Weisz à la fin de sa thèse de doctorat imprimée en 1913 à Parchim i. M.

On trouvera notre apport personnel dans notre texte, dans les adjonctions que nous avons faites à ce catalogue et aussi, parmi tant de tableaux attribués à Mabuse dans les musées et les collections privées, dans les éliminations que nous nous sommes méthodiquement imposées.

———

ŒUVRES SIGNÉES ET DATÉES

BERLIN. MUSÉE KAISER-FRIEDRICH.

1. — N° 648. **Neptune et Amphitrite.** Signé en bas, IOANNES MALBODIUS PINGEBAT 1516. Au-dessus à droite la devise : *A plus sera phe bourgne.*
    Bois, 188 × 124 cm.
    Collection Solly 1821.

CHÂTEAU DE GAUSSIG, près Seitschen (Saxe) COMTE SCHALL-RIAUCOUR.

2. — **Ecce Homo.** Signé : JOANNES MALBODIUS PINGEB. 15, 27.
    Bois, 25,3 × 18 cm.
    Depuis longtemps en possession de la famille.
    Le meilleur exemplaire de l'avis de Ern. Weisz, peut-être un original de la main de Gossart. Parmi les répliques connues, signalons :
    Anvers, Musée royal, n° 181. Signé : JOANNES MALBODIUS INVENIT.
    Bois, 24 × 18,7 cm.

Berlin, Musée Kaiser Friedrich, n° 1388, en dépôt. Bois, 24 × 18.7 cm.
Brunswig.
Cologne, collection W. Schmitz. Signé : JOANNES MALBODIUS INVENIT.
1527. Bois, 24 × 18,5 cm. Précéd. collection Weyer.
Dresde, Académie des Beaux-Arts, n° 805 A. Bois, 56 × 41,5 cm.
Gand, Musée, n° 82. Signé : JOANNES MALBODIUS INVENIT. Bois,
23,3 × 17,5 cm.
Carlsruhe, Galerie grand-ducale, n° 150. Signé : JOANNES MALBODIUS
PINGEBAT 1527. Bois, 24 × 19 cm.
Lisbonne, collection du comte de Castello-Melhor. Signé : JOANNES MAL-
BODIUS INVENIT 1527. Bois, 24 × 18 cm. Vendu en 1901 à Lisbonne.
Londres, 1908, à la Sackville Gallery. Signé : JOANNES MALBODIUS
INVENIT. Bois, 22,5 × 17 cm.

MUNICH. ANCIENNE PINACOTHÈQUE.

3. — N° 155. **La Vierge et l'Enfant**, assise dans une niche. Figure entière. Signé,
en bas : JOANNES MALBODIUS PINGEBAT 1527.

Dans l'ovale l'inscription : GE. 3 MULIERIS SEMEN IHS, SERPENTIS
CAPUT CONTRIVIT.
Bois, en ovale à la partie supérieure, 30 × 24 cm.
Collection Boisserée.
Gravé par Crispin van de Passe en 1589.

4. — N° 156. **Danaë et l'Arc-en-ciel**, assise dans une salle Renaissance, mi-grandeur
nature. Signé, en bas : JOANNES MALBODIUS PINGEBAT 1527.
Bois, 113 × 95 cm.
Collection du Prince-Électeur à Munich, en 1621 au « Schatz- und Kunst-
kammer » de Prague.

PARIS. — MUSÉE DU LOUVRE.

5. — N°ˢ 1997-1998 **Diptyque de Jean Carondelet**.

Volet de gauche : **Carondelet en prière**, vers la droite. Buste. Sur le cadre,
l'inscription : REPRESENTACION DE MESSIRE JEHAN CARON-
DELET HAULT DOYEN DE BESANÇON EN SON EAGE De 48 A,
et en bas : FAIT L'AN 1517.
Au revers : le blason de Carondelet dans une niche, au-dessus son monogramme
JC, au-dessous la devise : » MATURA «.
Volet de droite : **La Vierge et l'Enfant** Buste. Signé : JOANNES
MELBODIE PINGEBAT.
Sur le cadre, l'inscription : MEDIATRIX NOSTRA QUE ES POST DEUM
SPES SOLA TUO FILIO ME REPRESENTA.

Au revers : Un crâne dans une niche ; au-dessous, l'inscription : FACILE
CONTEMNIT OMNIA QUI SE SEMPER COGITAT MORITURUM.
HIERONIMUS, 1517.

En bas, la devise : » MATURA «.

Bois, ovale à la partie supérieure, 43 × 27 cm.

Acquis en 1847 à Valenciennes.

PRAGUE. RUDOLFINUM.

6. — **Saint Luc peignant la Vierge.** Panneau central du rétable de Prague.

Peint en 1515 pour l'autel de la corporation des peintres de Malines, à la
cathédrale Saint-Rombaut.

Amené à Prague en 1850.

Signé : GOSSART.

Bois : 230 × 205 cm.

RICHMOND. COLLECTION DE SIR FRED. COOK, DOUGHTY HOUSE.

7. — N° 54. **Hercule et Déjanire,** assis dans une niche.

Daté en bas, à gauche, 1517.

Bois, 24 1/2 × 10 3/8 inches.

Burlington Exhibition 1892, n° 45.

VIENNE. GALERIE MIETHKE.

8. — **Hercule et Antée.** Signé : JOANNES MALBODIUS PIN 1523.

Copie.

Bois, 45 × 35,5 cm.

Exposition des Primitifs flamands, Bruges 1902, n° 225.

COLLECTION INCONNUE.

9. — **Deux volets d'autel : Saint Jean-Baptiste et Saint Pierre,** dans une composition architecturale. Signé : IOAÈS MALBODI PINGEBAT et daté
ANNO 1521.

Acquis, pour la somme de 4350 florins, en 1850 ou 1851 (1ʳᵉ ou 2ᵉ vacation) par
la maison Roos, à Amsterdam, à la vente de la collection du roi Guillaume II
des Pays-Bas. Décrit par J. C. Nieuwenhuys dans sa « Description de la
Galerie de S. M. le roi des Pays-Bas », Bruxelles, 1843. Nᵒˢ 35 et 36,
bois, 45 × 17 1/2.

COLLECTION AMÉRICAINE.

10. — **La Vierge,** vêtue de bleu, assise sur un trône richement garni et tendant une
poire à l'Enfant assis sur le côté. Signé en bas : IOANNES MALBODI
PINGEBAT 1532.

ŒUVRES SIGNÉES, NON DATÉES

BERLIN. COLLECTION RICH. von KAUFFMANN.

11. — **Portrait d'homme.** A mi-corps vers la gauche ; dans la main droite un rouleau
sur lequel l'inscription : JOANNES MALBODIUS PINGEBAT.

Bois, 46,5 × 35 cm.
1904, collection Comte de Quincey.

MUNSTER (Westphalie). MUSÉE PROVINCIAL.

12. — **La Vierge à mi-corps et l'Enfant.** Signé, en bas : JOANNES MALBODIUS
PINGEBAT.

Dans l'ovale ce distique : NATE PRIS SVMI, T'MARIE CODITOR ORB,
ET TV. V'GO PARES PARCITE SUPPLICIB.

Bois, ovale à sa partie supérieure, 40 × 32 cm.
Provient de l'Église des Dominicains, à Dortmund.
Exposition de Dusseldorf, 1904, n° 155.

CHÂTEAU DE NAWORTH, près Carlisle. C^{TE} DE CARLISLE.

13. — **L'Adoration des Mages.** Signé sur la couronne du roi maure : IENNI ×
GOSSART ⁒ OG MABOS... et au collier du serviteur noir : IENNINE
GOS...

Bois, 168 × 105 cm.
Copies : Nuremberg, Musée Germanique, n° 46, daté 1601. Bois, 119 × 87.
Collection Boisserée.
Londres. Sir Ch. Turner. Vendu le 17 novembre 1908, chez Lepke, à Berlin,
n° 30. Cuivre, 80 × 74 cm.

PARIS. MUSÉE DU LOUVRE.

14. — N° 1999. **Portrait d'un bénédictin.** En buste, priant, tourné vers la gauche.
Signé à droite : JOANES, MALBOD' PINGEB.

En haut : ETATIS. 40, 15,26.

Bois, 38 × 27 cm.
Provient de la collection Van der Schrieck, à Louvain.

ŒUVRES NON DATÉES NI SIGNÉES

AMSTERDAM. RIJKSMUSEUM.

15. — N° 1498. **Portrait d'un chevalier de la Toison d'Or**, vraisemblablement du comte Floris d'Egmont. Buste avec mains, sur fond bleu.
Bois, 39 × 25,5 cm.

ANVERS. MUSÉE ROYAL.

16. — N° 263. **Portrait d'un gentilhomme**, peut-être de François II de Borssele-Cortienne. A mi-corps avec mains, sur fond vert.
Bois, partie supérieure en ovale, 64 × 46,4 cm.
Gravé par Jacob Folkema en 1753.
Collection Van Ertborn, 1820. Collection Enschedé, Haarlem.

BERLIN. MUSÉE KAISER-FRIEDRICH.

17. — N° 551 A. **Le Christ sur le mont des Oliviers**. Paysage avec clair de lune.
Bois, 85 × 63 cm.
Acquis en 1848.

18. — N° 586 A. **Portrait de Charles de Bourgogne**. A mi-corps, avec mains, sur fond vert. Porte la devise : A TRECQUE VOUS.
Bois, 54 × 39 cm.
Acquis en 1874 de la collection Suermondt

19. — N° 650. **La Vierge et l'Enfant**. A mi-corps. Sur le cadre peint cette inscription :
VERUS DEUS ET HOMO, CASTA MATER ET VIRGO.
Bois, 46 × 37 cm.
Collection Solly 1821.
Une copie de ce tableau se trouve à Sassari en Sardaigne.

20. — N° 661. **Adam et Eve au Paradis**. Figures grandeur nature.
Bois, 170 × 114 cm.
Acquis en 1830 de la collection Solly.

21. — N° 1202. **Portrait de femme**. Buste (autrefois à mi-corps, mais la partie inférieure a été sciée).
Bois, 35 × 33 cm.
Gravé autrefois par Gottfried Bartsch.

BERLIN. COLLECTION RICH. VON KAUFMANN.

22. — **La Vierge et l'Enfant**. A mi-corps.
Bois, environ 38 × 26 cm.
Acquis en 1902 d'une collection particulière à Bruges.
Reproduit et décrit par Friedländer dans l'*Art Flamand et Hollandais*, 1906, n° 8.

BOSTON. COLLECTION DE Mrs GARDNER.

23. — **Portrait d'Anne de Berghes**, épouse d'Adolphe de Bourgogne. A mi-corps,
avec mains.

Bois.

Précédemment dans la collection Bononi-Cereda, à Milan.

D'après MM. Friedländer et G. Hulin de Loo, une réplique d'égale valeur se
trouve chez le Comte de Brownlow, Belton House, près de Grantham
(Exposition de la New Gallery, Londres 1900, n° 97).

BRUXELLES. MUSÉE ROYAL DE PEINTURE.

24. — N° 192. **La Vierge et l'Enfant**. A mi-corps. Peut-être le portrait idéalisé de la
marquise de Veere, signalé par van Mander.

Copie d'un original égaré.

Bois, 45 × 34 cm.

Des répliques et une variante de cette composition se rencontrent fréquemment,
entre autres :

Aschaffenburg.

Dessau, Amalienstiftung, n° 527, 54 × 41 cm.

Dresde, Musée Royal, n° 805, bois, 43,5 × 33 cm.

Hambourg, collection Weber, très bon exemplaire, n° 78, bois, 43,5 × 32,5 cm.
Vendu à Berlin en février 1912.

Pommersfelden.

COPENHAGUE. GALLERIE, Dépôt.

25. — **La Vierge et l'Enfant**. A mi-corps.

Dans l'ovale l'inscription : BENEDICTA FILIA.

Copie d'un original égaré.

Bois, 27 × 22 cm.

HAMPTON COURT. CHATEAU ROYAL.

26. — N° 248. **Portrait des trois enfants du roi Christian II de Danemark**, Jean,
Dorothée et Christine.

Bois, environ 35 × 50 cm.

Copies : Wilton House.

Wiltshire, chez Lord Methuen,

Strawberry Hill (Exposition Tudor 1890, n° 19).

Longford Castle, chez Lord Folkestone.

Gravé par Vertue.

Collection de Henri VIII et de Charles Ier.

27.   N° 547. **Adam et Eve.** Figures de grandeur nature.
Bois.
Copies : Berlin, Musée Kaiser Friedrich, n° 642. Dépôt. Bois. 190 × 108 cm
        Bruxelles, Musée Royal, n° 193. Bois, 171 × 117 cm.
Collections de Henri VIII et de Charles Ier.

LONDRES. NATIONAL GALLERY.

28. — N° 656. **L'homme au rosaire.** A mi-corps, vers la gauche.
Bois, 68,6 × 48,3 cm.

29. — N° 946. **Portrait d'homme.** A mi-corps, avec mains.
Bois, 23,5 × 16,4 cm.
Coll. Wynn Ellis, Charles I.

30. — N° 1689. **Portrait d'un couple âgé.** En buste.
Parchemin, 45,7 × 68 cm.

31. — N° 2211. **Portrait d'une fille d'Adolphe de Bourgogne,** probablement
      Jacqueline. Buste.
Bois, 37,5 × 28.5 cm.
Exposition de la Toison d'Or, Bruges 1907, n° 68.

LONDRES. DORCHESTER HOUSE (Lieut.-Col. Holford).

32. — **Portrait d'homme.** A mi-corps, avec mains.
Bois, 24,5 × 18,5.
Burlington Exhibition, 1892, n° 43.

LONDRES. COLLECTION LÉOPOLD HIRSCH.

33. — **Portrait de Jean Carondelet,** jeune.
Bois, 39,5 × 29 cm.

MADRID. MUSÉE DU PRADO.

34. — N° 1351a. **Le Christ entre la Vierge et Saint Jean-Baptiste.** Buste, d'après
      le poliptyque de Gand.
Bois, 122 × 133 cm.
Provient de l'Escurial.

35. — N° 1865. **La Vierge et l'Enfant.** Aux trois-quarts. Composition à destination
      architecturale.
Bois, 63 × 50 cm.

NEW-YORK. COLLECTION FRÉD. B. PRATT.

36. — **Portrait d'homme.** A mi-corps, avec mains.

Bois, 43 × 31 cm.

PALERME. MUSÉE NATIONAL.

37. — Triptyque Malvagna.

Panneau central : **La Vierge et l'Enfant,** assise sous un riche baldaquin.

Volet de gauche : **Sainte Catherine.**

Volet de droite : **Sainte Dorothée.**

Volets extérieurs : **Adam et Eve au Paradis.**

Bois.

Provient de la collection du duc de Malvagna.

Copies : Berlin. collection R. von Kaufmann. de A. Ysenbrant. Au lieu des saints. deux donateurs.

Gnadenthal, collection du chevalier Otto Hövel, panneau central, bois, 33 × 23.5 cm. Exposition de Dusseldorf 1904, n° 156.

Londres, Comte de Northbrook.

PARIS. COLLECTION PAUL MERSCH.

38. — **Mars, Vénus et Amour.** Dans le fond, composition architecturale.

Copie.

Bois, 53 × 45,5 cm.

Exposition de la Toison d'Or, Bruges 1907, n° 222.

Précédemment, collection de Lord Ch. Butler, Londres.

PARIS. COLLECTION ADOLPHE SCHLOSS.

39. — **Venus et Amour,** debout devant une niche. d'après les gravures de Marcanton B 311 et B 297.

Sur le cadre, ce distique :

NATE EFFRONES HOMINES SUPEROSQUE LACESSERE SUET
NON'MATRI PARCIS PARCITO NE PEREAS

et cette date, probablement douteuse : MDXXI.

Cette œuvre n'est probablement pas un original.

Bois, en ovale à la partie supérieure, 32 × 24 cm.

Exposition de la Toison d'Or, Bruges 1907, n° 221.

SZEGEDIN (Hongrie). COLLECTION BERNARD DE BACK.

40. — La Sainte Famille. En buste.

Bois, 27 × 21 cm.

Précédemment collection S. Röhrer, Munich.

TOURNAI. MUSEE.

41. — **Saint Donatien.** Buste tourné vers la droite.

   Au revers : le blason de Carondelet, sur fond brun.

   Panneau de gauche d'un diptyque, dont le panneau de droite se trouve à Vienne (voir plus loin).

   Bois, 43 × 34,5 cm.

   Exposition des Primitifs flamands, Bruges 1902, n° 370.

VIENNE. KUNSTHISTORISCHES MUSEUM.

42. — N° 642. **Portrait d'homme.** Buste tourné vers la gauche.

   La pierre de l'anneau comporte un monogramme.

   Bois, 40 × 30 cm.

   Catalogue Mechels, 1783.

43. — N° 754. **Saint Luc peignant la Vierge.** Un ange conduit la main du peintre.

   Bois, 115 × 82 cm.

   Collection de l'archiduc Léopold-Guillaume.

44. — N° 755. **La Vierge et l'Enfant,** assise dans une niche. Petite figure, en pied.

   Sur l'ovale l'inscription : GE. 3, MULIERIS SEMEN IHS SERPENTIS CAPUT CONTRIVIT.

   Bois, 30 × 25 cm.

   Comparez la variante de Munich, citée plus haut.

   Provient, en 1781, du Musée du Belvédère.

VIENNE. COLLECTION DU CHEVALIER MORITZ VON GUT- MANN.

45. — **Portrait de Jean Carondelet.** Figure à mi-corps, tourné vers la gauche.

   Sur le cadre, l'inscription : D. JD. CARONDELET, ARCHIEPI PANOR[NI] PREPO EC. S. DON. BRUGEN.

   Panneau de droite d'un diptyque, dont le panneau de gauche est à Tournai (voir ci-dessus).

   Bois, 53 × 35 cm.

   Acquis en 1908 dans une galerie de Londres.

   Précédemment, collection Francis Baring.

WÖRLIZ. MAISON GOTHIQUE.

46. — N° 1643. **Figure à mi-corps de la Vierge et l'Enfant.**

   Bois, 62 × 45,5 cm.

   Copie d'un original égaré.

De nombreuses répliques se trouvent dans des collections particulières et dans
le commerce.
Dans les collections publiques, on peut signaler parmi les deux meilleures :
Schwerin, Galerie grand-ducale, n° 423. Bois. 66 × 51,5 cm.
Xanten. Eglise Saint-Victor. Bois, 59 × 46 cm.

APPENDICE

BERLIN. PALAIS ROYAL.

47. — **Adam et Eve.**
Bois, 78 × 64,5 cm.

BERLIN. DANS LE COMMERCE EN 1912.

48. — Une copie de la **Vierge a la Vigne**, du Musée Kaiser Friedrich (n° 650), vendue
à la vente de Heilbron frères

Dans le fond du tableau, un paysage. La robe de la Vierge est verte, son manteau,
rouge. L'Enfant est nu. Cette copie est plus fidèle que celle conservée à
Sassari (Sardaigne).
Bois, 41 × 32,5 cm.
Reproduit dans le catalogue de la vente, n° 12, planche III, n° 43.

LONDRES. NATIONAL GALLERY.

49. — N° 2163. **La Madeleine.** A mi-corps.
Bois, partie supérieure en ovale, 21,5 × 15,2 cm.
M. Friedländer considère ce tableau comme une œuvre originale.

PARIS. MUSÉE DU LOUVRE.

50. — N° 2204 A. **Portrait d'un homme âgé**, avec grand chapeau. Buste, de profil
trois-quarts à gauche; les mains partiellement visibles. Probablement un
original, mais une œuvre de jeunesse, avant son voyage en Italie.
Collection de Louis XIV.
Bois, 36 × 28 cm.

ROVIGO. PINACOTHÈQUE DE CONCORDI.

51. **La Vénus au Miroir.**
Influencé par la *Vénus* de Boticelli aux Offices, à Florence.
Reproduit par Alinari frères (photo n° 18349).

ADJONCTIONS AU CATALOGUE

BRUXELLES. MUSÉE ROYAL DE PEINTURE.

52. — Portrait d'homme.
>Bois, 35 × 25 cm.
>Acquis en 1921.

PARIS. COLLECTION Docteur WASSERMANN.

53. — La Vierge et l'Enfant.
>Bois.

PARIS ET AMIENS. COLLECTION MASSON.

54. — La Décollation de saint Jean-Baptiste.
>Dessin rond sur papier, dans un cadre architectural.
>Signé à droite et en haut, sur une architrave.

TABLE DES ILLUSTRATIONS

TABLE DES MATIÈRES

Imprimerie Veuve Monnom (s. a.), Bruxelles.

Bruxelles
Imprimerie Veuve Monnom
Société anonyme
32, rue de l'Industrie

—

1924